이 반석 위에

하나님의 왕국, 하나님의 음성 그리고 제3의 개혁

이 반석 위에

하나님의 왕국, 하나님의 음성 그리고 제3의 개혁

초판 1쇄 발행 2018년 3월 10일

지은이 **팀 해몬**
펴낸이 **박노라**
옮긴이 **서은혜**
편 집 **이인영**
펴낸곳 **CI KOREA**

주소 서울시 성동구 한림말길 56, B1
전화 02-558 - 8809
홈페이지 www. cikorea.kr
총판 하늘유통

정가는 뒤 표지에 있습니다.
ISBN 978-89-960660-9-5
잘못 만들어진 책은 교환해 드립니다.

이 반석 위에

하나님의 왕국, 하나님의 음성 그리고 제3의 개혁

팀 해몬 지음

UPON
THIS
ROCK

씨 아이 코리아
CI KOREA

'이 반석 위에'는 모든 믿는 자들에게 참으로 필요한 책이다! 많은 사람들이 나라들을 개혁하는 것에 대해 말하고 있지만, 이러한 하나님 나라 일에 있어서 우리의 역할을 이해하도록 성경적인 토대를 놓아 준 사람은 거의 없다. 나라들을 제자화하여 하나님의 뜻이 이 땅에서 이루어지는 것을 보길 원하는 성경적 부르심에 관심 있는 모든 사람들에게 이 책을 권한다!

신디 제이콥스 박사
Generals International

강력하고 막을 수 없는 침략이 이 땅에 시작되었다! 그것은 믿는 자들이 그들이 가는 곳마다 교회가 된다는 계시에 의해 추진되고 있다. 팀 해몬 박사는 하나님 왕국의 사고 방식을 가진

자들이 멈출 수 없는 하늘 왕국의 원칙들을 가지고 그들의 세상에 어떻게 영향력을 끼칠 수 있는가에 대해 각성을 일으키는 훌륭한 일을 하고 있다. 당신은 변화를 만들어내는 것 보다 더 위대한 부르심을 받았다. 당신이 변화 그 자체가 되도록 부르심 받은 것이다. 이 책이 당신에게 그 방법을 알려 줄 것이다.

더치 쉬츠, 베스트 셀러 작가
Dutch Sheets Ministries

'이 반석 위에'라는 책에서, 팀 해몬 박사는 예수님이 베드로에게 하셨던 유명한 말씀인 "내가 이 반석 위에 내 교회를 세우리니"를 새로운 방법으로 해석하며 성경을 열어주고 있다. 수 세기 동안 자주 논쟁이 되었던 이 말씀에, 새롭게 하나로 통일될 가능성이 있는 명철의 빛을 비춰준 팀 해몬 박사께 축하를 드린다(나는 여기에서 팀 박사가 말한 것을 밝히지는 않을 것이다. 그것을 알아내기 위해 당신이 이 책을 읽어야 한다). 나는 하나님 왕국과 우리가 살고 있는 세계에 관한 이러한 지식과 영향력을 추구하는 팀 박사를 마음을 다해 지지한다. 마지막 부흥이 오고 있다. 팀 해몬 박사가 그 일이 일어나도록 돕고 있다.

해롤드 R. 에벌
Worldcast Ministries

팀 해몬 박사는 공학 분야의 배경을 가진 분이다. 그는 직설적으로 생각하고 단어들을 매우 자세하게 연구한다. 그의 책 '이 반석 위에: 하나님의 왕국, 하나님의 음성 그리고 제3의 개혁'은 그러한 특징들을 반영하고 있다. 이 책은 분명하게 제시하고, 분명하게 정의를 내리며, 오해의 소지가 있을 수 없는 단어들을 사용하고 있다. 하나님 왕국에 대한 신학과 인간에 대한 영적 취지와 이 땅에서의 하나님 왕국의 일반적 영역을 포함한 사회적 체계의 운영 관계를 연결하는 그의 관점은, 제3의 개혁이 분명하게 필요하다는 것을 제시하고 있다. 사실, 그 개혁은 교회의 진정한 지도자들이 "나라를 제자화하는 것"에 대해 계속 씨름하면서 이미 시작되었고, 전 세계적으로 확장되고 있다. 이 책이 그 개혁의 과정을 자극하여 움직여 갈 것으로 인해 팀 박사에게 감사를 드린다.

데니스 피콕
GoStrategic & The Statesmen Project 창립자

나의 친구이며 동료인 팀 해몬 박사에 의해 저술된 이 훌륭한 책에서, 하나님 왕국의 삶이 새로운 통찰력과 함께 제시되고 있다. '이 반석 위에'는 교회가 무엇인가에 대한 문제, 즉 하나님의 음성을 듣는 것과 하나님의 영광을 위해 우리가 살고

있는 세상에 영향을 끼치는 것의 중요성에 기여하고 있다.

나는 요한복음 3장에 나오는 예수님과 니고데모와의 대화를 자주 묵상해 보았다. 나의 특별한 관심은 하나님 왕국을 보기 위해서는 거듭나야 하거나, 위(하늘)로부터 나야 한다는 예수님의 말씀에 있다. 니고데모는 예수님의 음성을 들었고 그 말씀을 이해하였지만, 그 의미에 대해서는 갈등하였다. 유대인의 지도자로서 그는 하나님의 왕국(아마도 다윗 왕조의 회복)을 갈망하였을 것이고, 그가 하나님의 왕국을 보았다면 분명히 믿었을 것이다. 그렇지만 그에게는 볼 수 있는 눈이 있었지만 보지 못했다. 오직 하나님의 말씀을 듣고 받아들임으로써 열린 영적 눈만이 그로 하여금 하나님의 왕국 안에 들어가게 할 뿐만 아니라, 볼 수 있게 한다. 보는 것과 들어가는 것은 별개이다. 둘 다 하나님의 영이 필요하다. 그런데 일단 하나님 왕국에 들어가면 우리는 무엇을 볼 것이며, 어떻게 기능할 것인가?

제3의 개혁으로 나아가면서, 우리에게는 위로부터의 분명한 인도와 지혜가 필요하다. 때에 맞게 나온 이 책이 우리를 그 방향으로 움직이게 한다.

스탠 E. 드코벤 박사, Vision International University 총장
'그것이 바로 하나님의 왕국이다'의 저자

팀 해몬 박사는 오늘날 매우 건전한 신학적 가르침을 하는 교사로 알려져 있다. 그는 교파나 종말론 또는 역사나 문화적인 면에서 편견 없이 성경적 교리를 정확하게 가르치고 성경의 진리에 근거한 계시를 나눈다. 그는 역사적 맥락과 계시와 활성화 그리고 기술과 경제성이라는 틀 속에서 교회의 회복을 정확하게 체계적으로 설명한다. 이러한 개념들의 집합이 독자로 하여금 "그분의 음성을 듣고", 개인과 교회의 개혁을 위해 "그분의 음성을 들은 것"에 대한 순종이 어떻게 문화적 개혁과 나라들의 변혁을 위한 촉매제인가에 대해 하나님의 명령을 더 잘 이해하게 한다. 해몬 박사가 언급한 대로, "하나님으로부터 온 모든 의사 소통은 성경에 언급된 대로 하나님의 성품과 원칙들과 일치해야 하고, 예외는 없다."

성경과 교회의 역사에 대한 간결한 공부처럼 느껴지는 '잃어버린 낙원에서 다시 찾은 낙원으로'에서, 해몬 박사는 아름다운 이야기를 전해준다. 그것은 회복과 개혁과 변혁 그리고 궁극적으로는 하나님 아들들의 나타남의 절정(로마서 8:19)을 위한 하나님의 계획을 전해주는 이야기이다. 거기에 공식이 있지는 않다. 그것은 흥미를 돋우며 격려하고 자유롭게 하는 메시지이다. 더욱이 그것은 그리스도를 따르는 자들이 하나님의 음성과 하나님의 명령에 반응하도록 울려 퍼지는 부르심이다. 그 명령은, 그들이 한 몸으로 하나 되어 함께 일하여, 문화적 전쟁의 어둠 안에 각성의 빛이 되고 나라들을 변혁하는 데에 관여하라는 하나님의 지시이다.

하나님 왕국의 신학과 교회사 또는 사회적으로나 문화적으로 변혁에 관심을 가지고 그 분야에서 전문가라고 여기는 모든 사람들에게 이 책을 추천하고 싶다.

킴벌리 C. 토마스
Global Advisors Development Group 대표이사

7산들, 하나님 왕국 그리고 사회적 변혁에 관한 책들이 많이 저술되었지만, '이 반석 위에'만큼 명확함과 통찰력을 가진 책은 없었다. 매 쪽마다 하나님이 지구라는 행성에서 과거에 행하셨고 지금 하고 계시는 일에 대한 위대한 이해함이 담겨있다. 팀 해몬 박사는 이 땅에 하나님의 왕국이 나타나는 것과 그 왕국을 확장하기 위해 하나님의 음성을 듣는 법, 그리고 예수님의 재림을 준비하면서 우리의 문화를 변혁하기 위해 하나님이 우리에게 원하시는 것이 무엇인가를 설명하는 건전한 성경적 원칙들을 놓았다. '이 반석 위에'는 우리가 지금 살고 있는 것 안에서의 개혁을 드러낸다. 그것은 이전 개혁들의 절정이며, 교회로 하여금 그리스도의 재림을 기다리는 수동적인 역할에서 이 땅에 하나님의 왕국을 확장하여, "세상 나라가 우리 주와

그의 그리스도의 나라가 되어 그가 세세토록 왕 노릇 하시리로다!"가 될 때까지 적극적으로 일하도록 도전을 준다.

데이브 캐리, **Word of Life Christian Center**의 창립 목사
Advancing Ministerial Empowerment Network의 사도적 감독

팀 박사는 오늘날의 교회에 대해, 즉 교회가 현재 어디에 있으며 어디로 가야 할 것인가에 대한 훌륭한 관점을 가지고 책을 쓰고 있다. 책을 읽어나가면서, 그의 지성과 유머가 알맞게 잘 섞여서 당신을 가르치고 미소 짓게 할 것이다. 하나님 왕국과 7산 운동에 관한 여러 책들이 있지만, 이 책은 다르다. 이 책은 역사적으로 성경적으로 자세하고 실제적이어서 미래를 위해 실질적인 행동의 발걸음을 취하게 한다. 커피 한 잔과 8장에서의 아몬드 기쁨 스낵을 가지고 즐기기 바란다.

리치 마샬
저자: God@Work and God@Work II

팀 해몬 박사는 진정한 사회적 변화를 위해 필요한 신학적이고 사회적인 복합성을 거머쥘 능력과 날카로운 두뇌를 가진 분이다. 몇 년 전, 나는 플로리다 데스틴에 있는 비전 교회에서 하나님 왕국에 대해 설교를 하였다. 메시지가 끝난 후에, 팀 박사의

아버지이신 빌 해몬 감독이 성령 안에서 제3의 개혁이 그 날 저녁 그 집회(국제 사도와 선지자 모임: IGAP)에서 태어났다고 선포하셨다.

팀 박사 또한 그 역사적 순간에 참가한 자로서 그는 제3의 개혁이 암시하는 바를 잘 알고 있었다. 오순절파 학자로서, 팀 박사는 경험적이고 신학적인 색조를 가진 폭넓은 이해함을 가지고 있다. 그것이 모든 믿는 자들이 읽어야 하는 이 책을 실제적인 것이 되게 하였다.

조셉 마테라

United States Coalition of Apostolic Leaders 이사

나는 지난 25년 동안 성도의 운동, 하나님의 왕국 그리고 문화의 7산들에 관해 팀 박사와 대화를 나누었었다.

이 책의 메시지는 그의 열정을 나타내는 것이었고, 나는 이 책이 좋다는 것을 기대했었다. 그런데 첫 장을 읽고 나서, 하나님 왕국을 성경 말씀과 연결시킨 그의 새로운 방법이 나를 새로운 방향으로 나아가게 하였다.

나는 이론을 좋아하지만, 실질적인 적용은 더욱 좋아한다. 이 책이 그리스도의 몸이 놓쳤던 실질적인 적용을 가져온다. 이 책은 모든 독자의 영역과 세계에 영향을 미치게 될 것이다. 그러나 교회 지도자들에게 있어서는 이 책이 그들의 메시지를

더 깊게 만들고 개발하게 하여 다른 사람들을 움직이게 할 것이다. 나는 벌써 1장을 가르치기 시작하였다. 이후에 나올 팀 박사의 책도 기대된다.

샤론 팍스 박사
Christian International Europe 개척 감독

'이 반석 위에'라는 책에서, 팀 해몬 박사는 어떻게 하나님의 음성이 문화와 사회에 하나님 왕국의 영향력을 끼치는 지에 대한 날카로운 통찰력을 풀어준다. 나는 성경과 역사에 대한 자세한 이해함이 함께하는 그의 통찰력 있는 가르침을 좋아한다. 그것이 독자로 하여금 제3의 개혁에 대한 개념을 받아들이고 세상을 바꾸도록 능력을 부여하게 될 것이다. 팀 해몬 박사는 훌륭한 예언적 교사이다. 현대 문화와 연관되어 성경이 살아나도록 하는 그의 능력은, 이 세상의 왕국들 안에서 하나님의 변화를 가져오는 대리인들로서의 교회를 향한 하나님의 부르심에 알맞는 관점을 가져온다. '이 반석 위에'는 하나님의 왕국을 사랑하는 모든 믿는 자들이 읽어야만 하는 강력하고 실질적인 변혁의 도구이다.

제인과 탐 해몬
CI 비전 교회 담임 목사

교사로서 나는 이 책을 통해 발견하게 된 보석 같은 계시의 진리로 인해 기뻤다.

목사로서 나는 지역 교회를 후원하고 세우는 진리를 밝히는 팀 해몬 박사와 CI의 헌신에 감사를 드린다.

선지자로서 나는 하늘로부터 제3의 개혁을 선포하는 나팔 소리를 분명하게 듣는다. 또한 각성과 변혁을 가져옴으로 '이 반석 위에' 그분의 교회를 세우기 위해 나의 역할이 무엇인가를 "듣고 보라"고 선포하는 나팔 소리도 듣는다. 이 중요한 일을 팀 박사가 해 주어 감사 드린다.

패트릭 스패로우
ACT's Churches International

모두에게 감사를 드린다!

이 책을 읽는 독자들에게, 특별히 이 감사의 글을 읽어주는 독자들에게 감사하다. 감사의 글을 읽는 독자가 있는지 모르겠다. 나는 거의 읽지 않는다. 아래의 글은 이 책을 잘 끝내도록 도와주신 모든 분에게 감사를 드리는 글이다. 시간대 순으로 잘 정리해서 언급해 보도록 노력하겠다.

모든 것에 대해 먼저 하나님께 감사를 드린다. 이 책에 나와 있는 모든 계시에 대해서는 성령님이 감사를 받으셔야 한다. 틀린 부분이 있다면 그것은 나와 편집자의 잘못이다. 빌 감독이신 아버지와 에블린 해몬이신 어머니께 감사를 드린다. 나의 아버지는 영감을 주는 분이셨고, 나의 어머니는 계속 격려해 주는 분이셨다. 이 책을 쓰는 동안, 37년간의 결혼생활을 유지하며 지속적으로 나를 후원해주고 인내해 준 아내 캐런에게 많은 감사를 드린다. 나의 자녀들인 롯과 제이슨, 쉐리와 리치, 사라 그리고 팀 2세, 그리고 손주들인 사이러스, 그레이스, 이안, 에즈라, 엘리도 감사를 받을 자격이 있다. 나의 형제 자매들인 탐과 제인 해몬, 그리고 셔릴린 해몬 밀러에게도 감사하다. 나의 친구들의 이름은 다 말할 수 없지만, 스탠 드코벤, 킴벌리 토마스, 팻 스패로우와 CI의 모든 직원들에게 감사를 표한다.

마지막으로, 편집자이며 긴 시간의 작업을 끝내도록 도와준 짐 브라이슨에게 감사를 돌린다.

팀 해몬 박사

머리말

나의 발견의 여정에 온 것을 환영한다.

나는 교회에서 태어났다. 물론 병원에서 태어났지만, 나의 부모님이 교회에서 사셨다. 나는 설교가의 아들로 자라났고, 하나님의 말씀과 성령 안에 강하게 터를 굳힐 수 있는 축복을 받았다. 어린 아이로서 나는 아버지가 설교할 때 그 옆에 서서 성경을 인용하였다. 십대 때에 나는, 아버지가 수백 명의 사람들에게 예언 사역을 할 때 함께 하였다. 나의 배경으로 보아, 이후 내가 성경학교를 가고 아버지의 뒤를 이어 사역을 하는 것이 자연스러워 보이겠지만, 하나님께서는 다른 계획을 가지고 계셨다.

나는 분석적인 사고방식을 가지고 있었고 수학과 과학을 좋아하였다. 나는 돌연변이 같았다. 대학에 갈 때 즈음, 주님께서는 내가 잘 알려진 대학에서 공학 분야의 3년 학사 과정을 공부

할 수 있도록 장학금을 제공하셨다. 졸업을 하고 나는 대형 컴퓨터를 다루는 기술자로 10년간 일하였다. 그러나 디지털 시대가 되면서, 주님께서는 내가 가족과 함께 하는 전임 사역을 하도록 부르시며 나의 삶에 개입하셨다.

내가 이 말을 하는 것은 어떻게 내가 계시를 받게 되었는지를 설명하기 위해서이다. 나의 기독교적인 뿌리는 오순절의 경험과 함께 전통적인 복음주의 신학에 있다. 그러나 나의 교육과 경력은 경험적인 것으로, 수학과 논리에 의한 과학적인 방법을 적용한다. 그래서 하나님께서 나에게 무언가를 계시해 주실 때는 내가 자연적으로 그리고 영적으로 거듭났을 때 가진 뇌를 사용하신다. 전형적으로, 하나님께서는 수학 문제나 퀴즈같이 답을 하기 위한 질문들을 주신다. 그리고 나 같은 돌연변이에게 답이 분명해질 때까지 성경을 통해 한 걸음 한 걸음 인도하신다.

이것이 내 삶의 여정이다. 사실, 우리 모두는 삶을 살아 가는데, 어떤 사람은 수 시간을, 또 어떤 사람은 수십 년을 그러한 여정으로 살아간다. 각각의 여정은 과거에 발견한 것들 위에 세워져서, 하나님의 본성과 세상과 하나님의 백성을 위한 하나님의 의도를 탐구해 나가는 길로 인도된다.

'이 반석 위에'라는 책에서, 나는 내가 발견한 매우 중요한 것

들 몇 가지를 나눌 것이다. 이러한 우리의 여정과 발견한 보물
을 즐기기를 바란다.

서 문

나의 아들인 팀 해몬 박사는 강의를 하며 글을 쓰는 깊은 이해력을 가진 사도적 교사이다. 그가 쓰는 글들은 단순한 논리와 심오한 통찰력을 가지면서도, 그것이 끼칠 영향력을 가볍게 건드리면서 흘러간다. 최고의 명장인 팀 박사는, 자신이 쓰는 주제의 모든 면을 면밀하게 연구하여 놀라우면서도 단순하게 이해할 수 있는 진리 안에 확고한 기초를 놓는다. 사람들이, "와아, 이전에는 이렇게 이해하지 못했었는데!"라고 탄성을 지를 만하다(집회에서 그의 강의 CD나 DVD가 다른 강사들 것보다 훨씬 빨리 팔려나가는 것은 당연하다).

그러므로 그가 쓴 최근의 책은 제3의 하나님 나라 개혁의 개혁가가 되길 갈망하는 모든 사람들의 필독서이다. 하나님은 부르신 사람들을 준비시킨다. 팀 박사의 작품이 바로 그 준비 작업에 매우 필수적인 요소이다. 이것은 바로 하나님 왕국의 실제적인 현실에 대해 많은 사람들이 기다렸던 책이다.

요한계시록 11장 15절에서 예언된 대로, 팀 박사는 자신의 통찰력의 근본인 이 세상의 왕국이 어떻게 주님의 왕국이 될 것인가를 설명한다. 마지막 제3의 교회 개혁에 대한 나의 책에서, 나는 하나님의 왕국을 강조하였지만, 하나님의 왕국이 무엇이며 어떻게 우리가 주님의 기도인 "하나님의 나라가 임하게 하옵시며 하나님의 뜻이 하늘에서와 같이 땅에서도 이루어지게 하옵소서"를 이룰 것인가에 대해서는 설명하지 않았다. 대신, 하나님의 왕국을 어떻게 이룰 것인가에 대한 다른 책이 나올 것을 언급하였다. 팀 박사가 쓴 '이 반석 위에'라는 책이 바로 그 책이다.

팀 해몬 박사는 당신의 삶과 사역에 각성과 계시와 새로운 성경적 이해함을 가져오는 진리를 제시할 것이다. 팀 박사, 하나님께서 자네에게 계시하신 것을 그리스도의 몸에 알려주어 감사하고 축복하네,

아버지가 나타낸 것을 아들이 성취하였다.

빌 해몬 감독

빌 해몬 감독은 CIAN(Christian International Apostolic Network: 국제 CI 사도적 네트워크)의 창설자이며 감독이다. 그는 지난 40년간에 일어났던 회복 운동들에 초점을 맞춘 13권의 책을 저술하였다. 그 운동들에는 예언적 운동, 사도적 운동, 성도의 운동, 그리고 제3의 개혁이 있다. 최근 2016년도에 저술한 책으로 '하나님의 제3차 세계 대전'이 있다.

서 문 **21**

예수님의 삶과 사역의 중심은 이 땅 위에서의 하나님 왕국이었다. 예수님은 교회(에클레시아)를 소개하기 오래 전부터 하나님 왕국의 메시지를 설교하셨다. 로마에 억압당하고 이스라엘 왕국의 회복을 갈급해 왔던 유대 문화와 함께 울려 퍼진 것이 바로 이 메시지이다. 예수님의 부활 이후 수백 년 동안 예수님의 왕국은 그 자체가 영적이었다는 것을 열정적인 신앙인들은 알고 있었다. 이들은 주변의 그리스/로마 문화에 하나님 왕국의 메시지를 가져갔다. 이러한 개척자들의 영향력이 지금도 느껴진다.

그러나, 교회는 특히 20세기에 들어와 문화로부터 멀어졌다.

오늘날 예수 그리스도의 재림을 준비하면서 하나님은 왕국의 메시지에 대한 계시를 회복하셨고, 우리의 삶과 교회 안에서뿐만 아니라 문화와 사회에서도 하나님의 왕국이 표출되게 하셨다.

그리스도의 초림은 더 위대하고 더 완벽한 성막(히브리서 9:10-11)을 만들기 위한 개혁의 시간이었다. 이제 우리는 그 성막이 얼마나 위대한가를 보고 있다. 교회는 문화에 개입하도록 부르심 받아 문화의 변혁에 영향을 미쳤다. 예수님은 이 세상의 왕국들이 하나님의 왕국이 될 때까지 계속적으로 문화를 개혁하는 교회를 세우고 계신다.

> "일곱째 천사가 나팔을 불매 하늘에 큰 음성들이 나서 이르되 세상 나라가 우리 주와 그의 그리스도의 나라가 되어 그가 세세토록 왕 노릇 하시리로다 하니" _ 요한계시록 11:15

오늘날 하나님 왕국의 메시지는 이 땅에 울려 퍼지고 있으며, 하나님이 선포하신 모든 것을 이룰 때까지 멈추지 않는 부르심을 가지고 문화의 7산들에까지 이를 것이다.

'이 반석 위에: 하나님의 왕국, 하나님의 목소리, 그리고 제3의 개혁'은 그 부르심에 대한 나의 반응이다. 우리의 산들을 살펴보고, 세상을 변혁하여 이 땅에 하나님의 왕국을 설립하도록 하자.

그 여정에 온 것을 환영한다.

차례

1장 문화 전쟁 _26

우리는 전쟁 중이다 | 우리는 문화 전쟁 중이다

2장 주님의 전이 있는 산 _30

주님의 산 | 산들, 나라들, 왕국들 | 7산들 – 선 또는 악

3장 7산들과 하나님의 왕국 _43

하나님의 왕국 | 하나님 왕국의 복음 하나님 왕국에 대한 올바른 정의

4장 예수님 – 그의 말을 들으라 _58

선생 | 듣는 자들을 위한 하나님 왕국

5장 하나님 왕국의 열쇠 _70

보다 면밀한 검토 | 교회의 반석은 하나님의 음성이다 | 잃어버린 낙원
되찾은 낙원 | 하나님 왕국의 권세

문화
전쟁

우리는 전쟁 중이다

모든 전쟁에 최소한 양쪽 편이 있듯이, 하나님 왕국을 설립하는 데 있어서도 대적하는 세력이 있다. 그 대적의 편은 하나님이나 그분의 목적을 인정하지 않는 문화를 조장한다.

우리는 이러한 갈등을 정치적 논쟁이나 주장, 상식과 이성에 대한 호소 그리고 계몽과 화합의 면에서 매일같이 보게 된다. 종교의 자유, 종교와 나의 선택 또는 편리함에 의한 결혼 관계라는 몸으로부터의 자유라는 기치 아래, 거짓 가치관들이 삶의 모든 영역들을 통해 널리 퍼지고 있다. 대적의 군대는 우리가 사는 세상 문화의 영역에 방해 받지 않고 널리 전진하며, 무종교의 종교와 무존재의 신을 선전하고 있다.

우리는 문화 전쟁 중이다

하나님 왕국의 메시지는 이러한 갈등에 개입하여 우리의 문화가 왕의 권위 - 하나님의 권위 - 에 일치하는 문화로 변혁되기를 추구하며, 세상의 왕국들을 우리 주님의 왕국으로 만드는 것이다. 그러나, 전적으로 교전하기 전에, 우리는 "문화"에 대한 정의를 내려서 왜 이것이 싸울 가치가 있는가를 알아야 한다.

"문화"는 간단하게 다음과 같이 정의된다.

> 지식을 배워 다음 세대들에게 전달하기 위한 능력에 의존하는 인간의 지식과 신념 그리고 행위의 방식; 관습상의 신념들, 사회적 형태들, 그리고 인종적, 종교적, 또는 사회적 단체의 물질적 특성들; 어느 장소나 시간대 안에서 사람에 의해 공유되는 매일의 존재(삶의 방식)의 특징적 요소들; 하나의 기관이나 조직을 특징짓는 정해진 태도나 가치관 또는 목표와 관례들. _ Merriam-Webster, 2013

세상의 문화에 대한 좀 더 정확한 그림은 문화의 7 산들이라는 비유로부터 온다. 1975년에 빌 브라이트와 로렌 커닝햄에 의해 고안된 각각의 7산들은 주요한 문화적 영향력을 나타낸다. 그것은 다음과 같다.

- 종교
- 정부
- 사업
- 가정
- 매체
- 예술/연예계
- 교육

7산들은 우리 문화 안에서의 중요한 영향력을 끼치는 중심부들을 말한다. 성경에서, 이러한 7개의 전략적 영역들은 사회의 모든 것을 포함하며, 예수 그리스도의 재림 전에 하나님 왕국을 설립하기 위해서 우리가 취해야만 하는 영역들이다. 이것은 진정으로 여호수아 14장 12절을 행동으로 옮기게 하는 부르심이다.

"그 날에 여호와께서 말씀하신 이 산지를 지금 내게 주소서 당신도 그 날에 들으셨거니와 그 곳에는 아낙 사람이 있고 그 성읍들은 크고 견고할지라도 여호와께서 나와 함께 하시면 내가 여호와께서 말씀하신 대로 그들을 쫓아내리이다 하니"

이 부르심에 반응하기 위해, 우리는 다음과 같은 근본적 질문들을 해야 한다.

- 이 전쟁을 위한 성경적 기반은 무엇인가?
- 우리는 하나님 왕국의 메시지에 7산들을 어떻게 적용할 것인가?
- 하나님 왕국의 메시지는 정확하게 무엇인가?

성경을 찾아가며, 하나님이 우리로 하여금 완수하도록 부르신 것이 무엇인지 발견하자.

2장

주님의 전이 있는 산

산들은 인상적이지 않은가? 우리는 멀리서 산들을 바라본다. 산들의 웅장함에 경외감을 가진다. 우리가 산에 오르는 것은 산이 그곳에 있기 때문이다! 하나님은 산들을 좋아하신다. 많은 산들을 만드신 것을 보면 분명하다. 그런데 눈에 보이는 아름다움과 모험을 위한 것보다 더한 것이 산에 있지 않을까? 산들을 통해 하나님은 우리에게 무엇을 말씀하시는가?

성경에서 산들은 문자적으로뿐만 아니라 비유적으로도 중요한 의미를 가지고 있다. 산들은 하나님께나 하나님을 믿지 않는 사람들 모두에게 권세나 영향력을 말한다.

"여호와를 의지하는 자는 시온 산이 흔들리지 아니하고

영원히 있음 같도다" _ 시편 125:1

"시온에서 나팔을 불며 나의 거룩한 산에서 경고의 소리
를 질러" _ 요엘 2:1

"너희가 내 성산에서 마신 것 같이 만국인이 항상 마시리
니 곧 마시고" _ 오바댜 1:16-21

"또 내가 보니 보라 어린 양이 시온 산에 섰고 그와 함께
십사만 사천이 서 있는데 그들의 이마에는 어린 양의 이름
과 그 아버지의 이름을 쓴 것이 있더라" _ 요한계시록 14:1

산에 대해 450개의 성경구절이 있다. 구약의 거의 모든 책에
적어도 1개 이상의 산에 대한 구절이 있고, 신약에는 9개의 책
에 있다. 물론, 이 중 많은 구절들이 눈에 보이는 산을 나타내고
있다.

- 노아의 방주가 아라랏 산에 머물렀는데, 홍수 이후 처
  음으로 드러난 마른 땅이었다. (골짜기보다는 낫다.)
- 10계명은 시내 산에서 주어졌는데, 모세가 하나님과

개인적으로 교제하기에 좋은 곳이었다.

- 예수님은 감람 산에서 기도하셨는데, 홀로 있는 장소였다.
- 예루살렘은 시온 산 위에 지어졌는데, 지리적으로도 튼튼한 기초를 놓은 곳 일뿐만 아니라 난공불락의 요새였다. (적어도 로마인들이 올 때까지는 그러하였다.)

그럼에도 불구하고 구약에서의 산에 관한 구절의 반 이하는 역사서에서 발견된다(창세기에서 느헤미야서까지). 대부분은 지혜서(시편, 잠언, 전도서, 아가서, 욥기)와 대선지서(이사야, 예레미야, 에스겔, 다니엘)와 소선지서(호세아, 요엘, 아모스, 오바댜, 요나, 미가, 나훔, 하박국, 스바냐, 학개, 스가랴, 말라기)에 있다. 더욱이 이러한 산들은 눈에 보이는 모습이 아니라 위대한 영적 의미를 위해 언급되었다.

"내 거룩한 산 모든 곳에서 해 됨도 없고 상함도 없을 것이니 이는 물이 바다를 덮음 같이 여호와를 아는 지식이 세상에 충만할 것임이니라"_ 이사야 11:9

"너는 기름 부음을 받고 지키는 그룹임이여 내가 너를 세우매 네가 하나님의 성산에 있어서 불타는 돌들 사이에 왕

래하였도다" _ 에스겔 28:14

주님의 산

이러한 산들에 관한 성경 구절들이 놀라운 것 같이, 문화의 7산들에 대해 직접적으로 언급하는 책은 이사야 2장(미가 4장에서 도 반복된다)이다.

> "말일에 여호와의 전의 산이 모든 산 꼭대기에 굳게 설 것 이요 모든 작은 산 위에 뛰어나리니 만방이 그리로 모여 들 것이라. 많은 백성이 가며 이르기를 오라 우리가 여호 와의 산에 오르며 야곱의 하나님의 전에 이르자 그가 그의 길을 우리에게 가르치실 것이라 우리가 그 길로 행하리라 하리니 이는 율법이 시온에서부터 나올 것이요 여호와의 말씀이 예루살렘에서부터 나올 것임이니라" _ 이사야 2:2-3

이사야는 사람들의 삶에 영향력을 끼치는 것을 표현하기 위 해 산을 사용하고 있다. 개인 뿐만 아니라 종족들과 나라들에 게도 산을 사용하고 있다. 이 구절을 자세하게 살피며, 문화의 7산들에 대해 하나님이 우리를 어디로 인도하고 계시는지 알아

보도록 하자.

"여호와의 전의 산…"

물론 눈에 보이는 산이 아니라 영적 산을 말한다.

"모든 산 꼭대기에 굳게 설 것이요…"

다른 산들 위의 정상에 서 있는 – 산 – 영향력 또는 통치의 그림을 말한다.

"말일에…"

우리는 이것을 마지막 때에 하나님의 영향력(산)이 다른 영향력(산들)들 위에 군림하는 것으로 해석할 수 있다.

"민족이 그리(여호와의 전)로 모여들 것이라…"

"민족"이란 히브리어 고이goy에서 번역한 것이다. 이것은 지리적으로나 정치적으로는 같은 정체성을 가지지 않아도, 문화적으로 같은 정체성을 가진 종족 집단을 말한다. 그들은 독특한 문화로서의 기원과 언어 그리고 규범과 통치법을 가진다. 구약 시대의 히브리 사람들이 고이goy의 아주 좋은 예이다. 지리적으로 나 정치적으로는 그들의 세력이 약해졌을 때조차, 그들은 분명히 확고부동한 문화적 정체성을 소유하고 있었다.

히브리어의 고이(goy와는 다르게, 그리스어의 에스노스(ethnos)는 멕시코와 같은 나라나 또는 마야족과 같은 종족 집단을 의미할 수 있다. 그래서 "민족"은 7 산들(교육, 종교, 가정, 매체, 예술/연예, 정부, 사엽) 중 하나의 종족 집단이라고 말할 수 있다. 그러한 사고 방식을 가지고 이 구절을 다시 보도록 하자.

> "많은 백성이 가며 이르기를 오라 우리가 여호와의 산에 오르며 야곱의 하나님의 전에 이르자 그가 그의 길을 우리에게 가르치실 것이라 우리가 그 길로 행하리라 하리니 이는 율법이 시온에서부터 나올 것이요 여호와의 말씀이 예루살렘에서부터 나올 것임이니라" _ 이사야 2:3

이 표현에서 무슨 일이 일어나고 있는가? 먼저, 사람들이 다른 산들로부터 하나님의 산으로 끌리고 있다는 것이다. 왜 그럴까? 그것이 거기에 있기 때문일까? 아니다. 그들이 하나님의 길을 배우고 그 길로 행하기 위해 – 듣고 순종하기 위해 하나님의 전으로 오고 있는 것이다. "이는 율법이 시온에서부터 나올 것이요 여호와의 말씀이 예루살렘에서부터 나올 것"(이사야 2:3)이기 때문이다.

이제 우리는 어떻게 사람들이 훈련 받을 것인지를 보게 된다.
• 우리에게 하나님의 길을 가르친다.
• 하나님의 길로 행한다.

- 하나님의 율법과 말씀

간단한 조사를 통해 여기에서 흥미로운 단어의 선택을 보게 된다. "율법"의 히브리어는 토라torah로, Strong 사전에서는 교훈 또는 법규를, Vine 사전에서는 지시, 가르침, 교훈을 뜻한다. 그 것은 그리스어로 로고스logos이며, 기록된 하나님의 말씀 또는 하나님이 말씀하신 것을 뜻한다.

"말씀"의 히브리어는 다바르dabar로, Strong 사전에 의하면 선 포된 말씀을 뜻한다. Vine 사전에 의하면 선포하다 또는 말하 다 라는 의미이다. 다바르dabar는 그리스어의 레마rhema와 같은 것으로, 말로 선포된 하나님의 말씀, 또는 하나님이 말씀하고 계시는 것을 뜻한다.

그러므로 산들 중의 산에 나아오는 사람들은 두 가지가 필요 하다. 하나님의 길을 알기 위한 성경의 가르침인 로고스/토라 logos/torah와 하나님의 길로 행하기 위한 하나님의 목소리를 듣 는 레마/다바르rhema/dabar이다.

여기에서 무엇을 예측할 수 있는가? 하나님의 전의 산이 문 화의 모든 다른 산들 위에 있다는 것이다. 더욱이, 그 영향력은 더 위대해질 것이다. 무슨 목적을 위해서인가? 민족이 하나님 의 말씀을 듣고 그 길을 배우며 그 길로 행하기 위해서이다.

우리는 이제 우리 앞에 무슨 일이 놓여 있는지 보기 시작하였다.

산들, 나라들, 왕국들

마태복음 4장은 다른 산을 언급하고 있는데, 예수님이 유혹받았던 산이다. 요한에 의해 세례 받으신 직후, 그분은 성령의 인도하심 따라 광야로 가서 40일간 금식하셨다.(세례식을 위한 가장 좋은 권장사항은 아니지만, 예수님은 그러셨다.) 금식이 끝난 후, 마귀가 3가지의 유혹을 가지고 온다.

> "마귀가 또 그를 데리고 지극히 높은 산으로 가서 천하 만국과 그 영광을 보여 이르되 만일 내게 엎드려 경배하면 이 모든 것을 네게 주리라 이에 예수께서 말씀하시되 사탄아 물러가라 기록되었으되 주 너의 하나님께 경배하고 다만 그를 섬기라 하였느니라" _ 마태복음 4:8-10

이 유혹들을 살펴보도록 하자.
- 돌로 떡이 되게 하라 - 예수님의 개인적 필요
- 해를 받지 않도록 보호하라 - 하나님 아버지와 예수님

의 관계

• 세상의 왕국들 - 이 땅에서의 예수님의 위치

먼저, 마귀가 예수님을 어디로 데려갔는가? 산 위로 갔다. 여기에서 그들은 세상의 모든 왕국들을 볼 수 있다. 물론, 이것도 문자적인 산은 아니다. 이사야서 2장에 언급된 모든 민족/왕국들이 하나님으로부터 배우려는 산과 같은 영적 장소를 말한다.

이러한 유리한 위치에서 마귀는 세상의 왕국들을 예수님께 제안하고 있다. 흥미롭게도, 예수님은 이러한 제안을 하는 마귀의 권세에 대해 논쟁하지 않으신다. 대신에, 예수님은 마귀를 예배하는 조건을 거절하고 있다. 이 유혹이 실패하였기 때문에 마치 다른 유혹은 성공할 수 없었던 것 같이, 예수님은 자신을 유혹하는 자에게 떠나도록 명하신다. 이제 이것은 왕국들에 대한 것이 전혀 아니라는 것을 감지했을 것이다.

솔직히, 세 번째 유혹은 항상 나를 어리둥절하게 만들었다. 첫 두 가지의 유혹은 좀더 명확한 것 같아 보인다. 식량을 만들어내는 예수님의 능력에 대한 도전과, 아버지와 그분의 관계에 대한 도전이었다. 세 번째 유혹은 번영에 관한 것으로 – 이 땅과 왕국들에 대한 예수님의 소유권과 권위에 대한 것이었다. 예수님이 자신의 유업이라는 것을 벌써 알고 있는 것을 가지고 마귀가 예수님을 유혹하는데, 그렇다면 이 제안은 좀 약한 것 같아 보인다.

결국, 나는 진정한 유혹은 예수님이 어떤 방법으로 권위를 취하느냐에 있다는 것을 깨달았다. 마귀는 예수님께 지름길을 제안하고 있었다. 나를 예배하거라 그러면 내가 너에게 십자가 없는 너의 유업을 주겠다. 이것은 예수님께 진정한 유혹이었고, 예수님은 이러한 유혹을 겟세마네 동산에서 다시 마주치게 된다. "조금 나아가사 얼굴을 땅에 대시고 엎드려 기도하여 이르시되 내 아버지여 만일 할 만하시거든 이 잔을 내게서 지나가게 하옵소서 그러나 나의 원대로 마시옵고 아버지의 원대로 하옵소서 하시고"(마태복음 26:39). 첫 두 가지 유혹은 하나님의 아들로서의 예수님에 대한 유혹이었다면, 마지막 유혹은 우리 왕으로서의 예수님에 대한 유혹이었다.

일단 예수님이 마귀의 도전을 성공적으로 이겨내고, 불과 같은 열정으로 자신의 메시지를 가지고 갈릴리로 돌아오신다. "이 때부터 예수께서 비로소 전파하여 이르시되 회개하라 천국이 가까이 왔느니라 하시더라"(마태복음 4:17). 예수님은 왕국에 대한 시험을 통과하시고 하나님 왕국의 메시지를 선포하는 사역을 시작하셨다. 그분은 하나님의 산에 대한 그분의 소유권을 주장하셨다고 말할 수 있다.

7산들 – 선 또는 악

하나님의 산이 문화의 7산들 위에 있는 모습은 흥미로운 것이다. 특히 원수가 그곳으로부터 하나님의 위치를 빼앗으려 하고 있기 때문이다. 요한계시록 17장에는 7번째 천사가 "큰 음녀"가 7개의 산들과 많은 물들 위에 앉아 있는 것을 묘사하고 있다.

"또 일곱 대접을 가진 일곱 천사 중 하나가 와서 내게 말하여 이르되 이리로 오라 많은 물 위에 앉은 큰 음녀가 받을 심판을 네게 보이리라"_ 1절

"내가 보니 여자가 붉은 빛 짐승을 탔는데 그 짐승의 몸에 하나님을 모독하는 이름들이 가득하고 일곱 머리와 열 뿔이 있으며"_ 3절

9절은 모습을 설명하고 있다.

"지혜 있는 뜻이 여기 있으니 그 일곱 머리는 여자가 앉은 일곱 산이요"

15절도 계속하고 있다.

"네가 본 바 음녀가 앉아 있는 물은 백성과 무리와 열국과
방언들이니라"

요한계시록 17장과 이사야 2장에서의 유사점에 주목하라.
요한계시록에서 사람들에게 영향을 끼치기 위해 음녀가 하나
님의 전을 대신하려는 것 외에는 비슷하다. 역사적으로, 음녀
는 7개의 작은 산들 위에 세워진 로마를 말한다. "또 네가 본
그 여자는 땅의 왕들을 다스리는 큰 성이라 하더라"(요한계시록
17:18). 이 구절에서, 로마는 세속적인 문화의 자리와 나라들 안
에 있는 영향력을 말한다.

하나님이 이 땅의 왕국들을 지배하기 원하시는 것 같이, 원
수도 영향력의 산들을 통해 이 땅을 지배하기를 원한다. 예수
님이 이겨내신 것 같이, 우리도 마귀에게 지배권을 주는 것을
거부해야 한다. 예수님의 명령을 따르도록 하자. "이 천국 복음
이 모든 민족에게 증언되기 위하여 온 세상에 전파되리니 그제
야 끝이 오리라"(마태복음 24:14).

우리의 목표는 간단하다. "세상 나라가 우리 주와 그의 그리
스도의 나라가 되어 그가 세세토록 왕 노릇 하시리로다!"(요한계

시록 11:15)이다.

이 세상의 왕국들이 주님의 주되심을 인정하면서 주님의 왕국이 될 것이다. 우리가 그분의 길을 가르치고 그분의 말씀을 선포하면, 사람들은 그분의 음성을 듣고 그분의 길로 행할 것이다.

3장 | 7산들과 하나님의 왕국

이제 우리는 산들이 거대한 바위들보다 크며, 하늘에 미치고 있다는 것을 알았다. 하나님은 산들을 사용하여 하나님의 통치를 세우려 하신다. 마귀는 하나의 산을 사용하여 자신의 통치를 세우려 시도하다가 실패하였다. 그리고 산들은 노아의 방주를 붙잡기 위해 중요하다. 더욱이 이 세상의 왕국들을 대표하는 문화의 7산들은 하나님이 그분의 권위를 세우기 위해 찾으시는 장소들이다, 그렇다면 7산들 위에 하나님의 왕국을 세우기 위해서 우리가 감당해야 할 부분은 무엇인가? 무엇이 우리로 하여금 7산들을 취하도록 하는가? 이것이 우리의 할 일이라고 누가 말하고 있는가?

자아… 하나님이 말씀하신다.

이 땅에 하나님의 권위를 강화하라는 명령은 창세기에서 요한계시록까지 나타나있다. 태초에 하나님이 아담과 이브에게 명하셨다. "땅에 충만하라 땅을 정복하라!"(창세기 1:28). 예수님도 이 명령을 반복하신다. "가서 모든 민족을 제자로 삼아라"(마태복음 28:19). 사도 요한도 우리에게 말한다. "그들로 우리 하나님 앞에서 나라와 제사장들을 삼으셨으니 그들이 땅에서 왕 노릇 하리로다 하더라"(요한계시록 5:10). 마지막으로 말한다. "그가(예수님이) 세세토록 왕 노릇 하시리로다"(요한계시록 11:15).

7산에 대한 명령은 하나님 왕국의 지령이다. 이것이 우리의 임무이다.

왕을 따르는 자들로서, 우리는 문화의 모든 영역들을 포함한 전 세계에 하나님의 왕국이 임하게 해야 한다. 다행히도 우리들 대부분은 7산들 - 가정, 교육, 종교, 정부, 사업, 매체, 예술/연예계 - 중 하나 이상의 영역에서 벌써 활동하고 있다. 그러므로 하나님 왕국의 복음을 전하여 세상의 왕국들이 주님의 왕국이 되도록 하는 것은 도전이다. 이것을 효과적으로 하기 위해 우리는 먼저 하나님 왕국의 복음에 대해 알아야 한다.

하나님의 왕국

하나님 왕국의 복음··· 예수님이 우리에게 기도를 가르치셨을 때, 우리에게 주어진 하나님 왕국의 메시지는 이것이다. "나라가 임하시오며 뜻이 하늘에서 이루어진 것 같이 땅에서도 이루어지이다"(마태복음 6:10).

기본부터 시작해보자. Webster 사전은 "왕국"을 다음과 같이 정의한다.

> 1. 왕에 의해 이끄는 군주적 정부의 형태를 가진 정치적으로 조직된 공동체 또는 지역적 단위.
> 2. 무언가가 지배적인 영역이나 지역; 누군가가 뛰어난 위치를 가지고 있는 영역이나 범위.

첫 정의는 분명하다. 왕국은 왕에 의해(명백하게) 통치되는 나라이다. 두 번째 정의는 좀더 흥미롭다. 통치의 힘에 의해 다스려지는 것이라고 한다.

본질적으로, 왕국은 누군가 또는 무엇이 그 환경을 지배하는 장소이다.

역사적으로, 왕들은 서로간 주장하는 영역을 가지고 있어서 가장 많은 병사들이 남은 자가 승리자로서 그 싸움의 지역에서 진정한 권세를 가진다고 생각하며, 그것을 위해 피를 흘리며 싸운다. 그러나 불행하게도, 그들에게 있어 왕국의 통치자는 군대의 규모가 큰 자가 아니라, 자신의 목소리를 듣고 순종하도록 하는 지도자였다. 통치의 영향력을 가진 진정한 왕은 자신의 말이 법인 사람이다. (친근하게 들리지 않는가?) 그가 바로 모든 갈등의 진정한 승자이며 사람들의 지도자인 것이다.

역사에는 이러한 원칙의 깊이를 알지 못했던 군주들이 수두룩하다.

우리 역사에서, 영국의 왕인 죠지 3세가 미국 식민지를 자신의 왕국의 일부라고 주장하였다. 놀랍게도, 식민지 사람들이 그의 말을 법으로 받아들이기를 거부했다. 그 대신, 그들은 민주주의가 통치자를 결정하는 새로운 왕국을 설립하였다.

멕시코는 스페인 왕인 페르디난드 7세와 프랑스의 나폴레옹 3세를 받아들이기를 거부했다. 멕시코는 페르디난드나 나폴레옹의 말이 법이 되지 않는 새로운 왕국을 만들었다. 프랑스 또한 자신들의 왕의 목을 치면서까지 그의 말을 무시하고 무너뜨렸다. 이후 왕의 칙령은 거의 없었다.

혁명은 흔히 일반 사람들이 선포된 지도자의 소리보다는 다른 목소리를 듣기 시작할 때, 그 나라 안에서나 통치의 지역에서 시작된다. 새롭게 일어나는 지도자들의 영향력을 통해 불만과 동요 그리고 반란이 조장된다. 이 지도자들이 성공하면 무너진 통치 조직의 자리를 차지하게 된다. 이 무너진 통치 조직의 말은 더 이상 사람들에게 영향을 끼치지 못한다.

근본적으로, 왕국은 지배적인 영향력 주변에 세워진다. 한 사람(왕, 여왕, 감독, 교황), 정부의 형태(민주주의, 공산주의, 인본주의), 주요 신념 체계(신교주의, 가톨릭주의, 칼빈주의)와 같은 것이다. 지배적 영향력, 즉 말에 순종하는 영향력을 가진 자가 그 지역의 왕이다.

사람의 집단도 왕국이 될 수 있다. 내가 가진 첫 직업은 70년대 후반의 컴퓨터 시스템 기술자였다. 나는 초창기 디지털 컴퓨터 세대를 개척하는 데 도움을 주었다. 그래서 난 사업의 산에 있는 기술 문화에 속해 있었다. 우리에게는 우리만 쓰는 자체의 언어가 있었고(어떤 것은 좋은 것이나 어떤 것은 그리 좋지 않았다), 우리만의 독특한 행동과 사회 규범 그리고 특정 지식과 유머도 있었다. 예를 들어, "세상에는 10가지 유형의 사람이 있다. 2진법을 아는 자들과 그렇지 못한 자들이다."와 같은 것이다.

그러한 모든 것들이 하나의 문화인 공학 기술의 왕국을 형성하였다. 그것이 기술에 의해 영향을 받았기 때문이고, 기술은 우리의 왕이었다.

철학이 왕이 될 수도 있다. 오늘날의 교육 체계는 근본적으로 인본주의 철학에 의해 지배당하고 있다. 그러므로 인본주의가 교육계의 왕이다.

7산들이라는 비유로 모든 문화를 확실히 설명할 수는 없으나, 영향력의 원칙은 분명하다. 모든 나라와 백성과 영역 ─ 모든 왕국은 그것이 선한 것이든 또는 악한 것이든 아니면 그 중간이든, 그것을 운영하는 지배적인 영향력을 가지고 있다. 우리의 임무는 이 세상의 모든 왕국에 하나님의 영향력을 가져가서, 그들로 하여금 하나님의 말씀을 듣고 순종할 수 있도록 배우게 하여 그 왕국들을 경건하게 바꾸어 주님의 왕국이 되도록 해야 한다.

예수님이 "이 천국 복음이 모든 민족에게 증언되기 위하여 온 세상에 전파되리니 그제야 끝이 오리라"(마태복음 24:14)고 말하셨을 때, 그분은 우리가 모든 백성과 문화에 하나님의 영향력을 가져갈 것을 의도하셨다.

나는 하나님 왕국 메시지의 이 해석에서 자유를 발견하게 된다. 왜냐하면 우리로 하여금 우리가 있는 곳에서 하나님 왕국을 표현하는 기회를 주기 때문이다. 내가 어느 산에 있든 나는 하나님 왕국을 세울 수 있다.

하지만, 내가 새로 발견한 자유에도 불구하고, 아직 우리가 취해야 할 중요한 발걸음이 있다. 하나님 왕국에 대한 우리의 이해함이 성경적으로 맞는지 확인해야 하는 것이다.

하나님 왕국의 복음

신약은 하나님 왕국으로 시작하여 하나님 왕국으로 끝을 맺는다. 하나님 왕국은 예수님이 이 땅에 계시는 동안 중심이 되는 메시지였다. 사실, 복음서들은 신약의 나머지 책들보다 더 많은 하나님 왕국에 대한 구절들을 가지고 있다. 마태복음만 해도 하나님 왕국에 대해 55구절이 있어서, 성경의 어떤 책보다 많은 참고 구절을 가지고 있다. 누가복음은 44개, 마가복음은 19개, 그리고 마지막으로 요한복음은 2개의 하나님 왕국 참고 구절을 가지고 있다.

마태복음이 하나님 왕국에 압도적으로 많은 구절들을 가지고 있으므로, 하나님 왕국 복음의 더 분명한 이해를 위해 자세히 검토해보자

하나님 왕국은 세례 요한에 의해 먼저 선포되었다.

> "그 때에 세례 요한이 이르러 유대 광야에서 전파하여 말하되 '회개하라 천국이 가까이 왔느니라'하였으니"
>
> _ 마태복음 3:1-2

복음에 대해 대부분의 학생들이 요한의 회개의 메시지에 초점을 맞추지만, 우리는 여기에서 회개를 촉구하는 요한의 목적이 임박한 하나님 왕국과 관계가 있다는 것을 보게 된다. 낙타 털옷을 걸친 선지자와 같이, 구원의 복음은 오직 하나님 왕국 복음의 전조일 뿐이다. 그렇다. 회개와 구원은 하나님 왕국에 들어가는 데 필요하지만, 하나님 왕국 그 자체가 진짜 목표이다.

우리는 예수님이 세례 받으시고 유혹을 이기신 바로 직후, 다른 계획을 가지신 것을 알게 된다. "천국 복음을 전파하시며" (마태복음 4:23). 예수님은 제자들에게 마태복음 10장에서와 똑같이 하도록 말씀하신다. 마지막으로 마태복음 24장에서 모든 믿는 자들은 하나님 왕국 복음을 전 세계에 전하는 임무를 부여받았다.

> "이 때부터 예수께서 비로소 전파하여 이르시되 '회개하라 천국이 가까이 왔느니라' 하시더라"_ 마태복음 4:17

> "예수께서 온 갈릴리에 두루 다니사 그들의 회당에서 가르치시며 천국 복음을 전파하시며 백성 중의 모든 병과 모든 약한 것을 고치시니"_ 마태복음 4:23

"예수께서 모든 도시와 마을에 두루 다니사 그들의 회당에서 가르치시며 천국 복음을 전파하시며 모든 병과 모든 약한 것을 고치시니라" _ 마태복음 9:35

"가면서 전파하여 말하되 '천국이 가까이' 왔다 하고"
_ 마태복음 10:7

"이 천국 복음이 모든 민족에게 증언되기 위하여 온 세상에 전파되리니 그제야 끝이 오리라" _ 마태복음 24:14

이 모든 가르침에도 불구하고, 제자들은 하나님 왕국 메시지를 이해하는 데 갈등하였다. 예수님과의 관계에서 그들은 아직도 예수님이 이스라엘에 눈에 보이는 왕국을 세워서, 적어도 자신들 중 한 사람 이상은 공동 왕이 될 것을 기대하고 있었다!

"그 때에 제자들이 예수께 나아와 이르되 천국에서는 누가 크니이까" _ 마태복음 18:1

"예수께서 이르시되 무엇을 원하느냐 이르되 나의 이 두 아들을 주의 나라에서 하나는 주의 우편에, 하나는 주의

좌편에 앉게 명하소서"_ 마태복음 20:21

솔직히, 난 예수님이 어떻게 참으셨는지 이해가 가지 않는다. 그 모든 시간 동안 그들은 여전히 이해하지 못했던 것이다. 예수님이 죽으시고 부활하신 후에도, 제자들은 하나님 왕국에 대해 계속 오해하고 있었다.

"그들이 모였을 때에 예수께 여쭈어 이르되 주께서 이스라엘 나라를 회복하심이 이 때니이까 하니"_ 사도행전 1:6

난 그들이 이 책을 읽어봐야만 했었다고 생각한다⋯

하나님 왕국에 대한 올바른 정의

마태복음과 마가복음 그리고 누가복음이 예수님의 하나님 왕국 메시지를 중요하게 다루지만, 하나님 왕국에 대한 분명한 정의는 내리지 않았다. 하나님 왕국의 속성에 대한 가르침은 많이 있다. 하나님 왕국에 들어갈 사람들의 유형에 대한 묘사도 있다. 하나님 왕국이 어떻게 작용하는지에 대한 예들도 있다. 그러나 정의는 없다.

요한복음으로 인해 하나님께 감사하라. 하나님 왕국에 관해서는 단 2개의 구절 밖에 없지만, 두 구절이 홈런을 쳤다.

요한복음 3장은 하나님 왕국에 들어가기 위해 필요한 조건으로써 구원을 뛰어나게 다루고 있다.

"예수께서 대답하여 이르시되 진실로 진실로 네게 이르노니 사람이 거듭나지 아니하면 하나님의 나라를 볼 수 없느니라 니고데모가 이르되 사람이 늙으면 어떻게 날 수 있사옵나이까 두 번째 모태에 들어갔다가 날 수 있사옵나이까 예수께서 대답하시되 진실로 진실로 네게 이르노니 사람이 물과 성령으로 나지 아니하면 하나님의 나라에 들어갈 수 없느니라"_ 요한복음 3:3-5

두 번째 구절은 하나님 왕국에 대해 가장 분명한 정의를 내리고 있다. 요한복음 18장은 예수님이 체포 당하고 재판 받는 이야기이다. 유대인들이 예수님을 체포하여 심문하면서, 자신들에게 사형권이 없으므로 빌라도(로마 총독)에게 이 사건을 맡아달라고 부탁하고 있다. 빌라도는 거절하며 이 재판권을 유대인 법정으로 되돌리지만, 유대인들은 이 사건이 로마 정부에 대한 반란이기 때문에 예수님이 로마에 의해 재판 받아야 한다고 주장한다. 그래서 빌라도는 마지못해 사건을 맡아 예수님에게 반란에 대해 고소 당한 것을 질문한다. 물론, 당시 실제적 권한상 왕인 빌라도에게 있어 중요한 질문은 예수님이 이스라엘의 왕이라고 주장하였는지의 여부이다.

"이에 빌라도가 다시 관정에 들어가 예수를 불러 이르되 네가 유대인의 왕이냐 예수께서 대답하시되 이는 네가 스스로 하는 말이냐 다른 사람들이 나에 대하여 네게 한 말이냐 빌라도가 대답하되 내가 유대인이냐 네 나라 사람과 대제사장들이 너를 내게 넘겼으니 네가 무엇을 하였느냐 예수께서 대답하시되 내 나라는 이 세상에 속한 것이 아니니라 만일 내 나라가 이 세상에 속한 것이었더라면 내 종들이 싸워 나로 유대인들에게 넘겨지지 않게 하였으리라 이제 내 나라는 여기에 속한 것이 아니니라 빌라도가 이르되 그러면 네가 왕이 아니냐 예수께서 대답하시되 네 말과 같이 내가 왕이니라 내가 이를 위하여 태어났으며 이를 위하여 세상에 왔나니 곧 진리에 대하여 증언하려 함이로라 무릇 진리에 속한 자는 내 음성을 듣느니라 하신대"

_ 요한복음 18:33-37

여기에서 주고받는 대화의 내용이 참으로 놀랍다. 우리 주님의 고통스러운 죽음의 전조 현상 아니겠는가!

빌라도는 바쁜 사람이어서 문제의 핵심으로 바로 간다.

"네가 유대인의 왕이냐?"

예수님은 먼저 왜 빌라도가 왕인 것에 대해 묻느냐고 질문하시면서 증거와 사법권에 대해 도전하신다. "이는 네가 스스로 하는 말이냐 다른 사람들이 나에 대하여 네게 한 말이냐?"

빌라도는 예수님의 질문에 주춤하면서 방어적으로 반응한다. "내가 유대인이냐?" 빌라도는 증거가 없는 것을 시인하는 다음과 같은 방법으로 말한다. "네 나라 사람과 대제사장들이 너를 내게 넘겼으니." 그리고 빌라도는 뒤로 한 발짝 물러난다. "네가 무엇을 하였느냐?" 마치 심문을 마칠 준비가 된 것 같아 보인다.

예수님의 답변이 왕에 대한 질문에 간접적으로 다시 문을 열고 있다. 예수님은 자신이 왕인 것을 암시하며 "내 나라는 이 세상에 속한 것이 아니니라"고 말씀하신다. 그러나, 그분은 반란의 사건을 부인하면서, 그 증거로 자신의 종들이 싸워 그로 유대인들에게 넘겨지지 않게 하였으리라고 지적하신다. 이것이 바로 반란과 폭동 사건에 대한 직접적인 답이다. 그렇지만 빌라도는 예수님의 대답에 혼동되어 "그러면 네가 왕이냐?"라고 다시 질문한다.

예수님의 마지막 대답이 이 질문에 분명한 답을 해준다.

> "네 말과 같이 내가 왕이니라 내가 이를 위하여 태어났으
> 며 이를 위하여 세상에 왔나니 곧 진리에 대하여 증언하려
> 함이로라 무릇 진리에 속한 자는 내 음성을 듣느니라"

예수님은 왕이 되기 위해 태어나셨다. 왕으로서의 목적은
"진리에 대하여 증언하기 위해서이다." 이 마지막 말이 그분의
왕국을 세우게 된다. 그분의 왕국은 진리의 왕국이며, 진리에
속한 자들-그분을 따르는 자들은 그분의 음성을 듣는다.

예수님은 그분의 왕국은 그분의 음성을 듣는 시민들이 있는
곳으로써 정의하고 계신다. 이것은 사전의 정의와 매우 비슷하
다. 왕국은 왕의 말이 법인 곳이다. 예수님은 그분의 왕국이 로
마와 같은 지리적 또는 정치적인 장소가 아니라, 그분의 음성
을 듣는 누군가가 있는 곳이 그분의 왕국이라는 것이다.

뜻밖에도, 오늘날 하나님 왕국의 본질을 확인하는 소리를 듣
는 사람이 거의 없다. 그래서 예수님의 말씀을 반복하면서 확
실하게 말하겠다.

하나님의 왕국에 들어오려면, 그분의 음성을 들어야 한다.

그 정의는 매우 간단한 것 같지만, 그리 쉬운 것은 아니다. 그렇지 않은가?

4장 | 예수님 – 그의 말을 들으라

우리 대부분이 그러하듯이, 예수님도 산으로 가는 것을 좋아하셨다. 그런데 한 가지 분명하게 다른 것은 예수님이 그곳에 가신 후에 무언가가 밝혀진다는 것이다. 누가복음 9장에서 우리는 변화산 상에서의 모습을 보게 된다. 이 이야기 전에, 예수님은 12 제자들에게 능력을 부여하시고 하나님의 왕국을 전파하라고 보내셨다(누가복음 9:2). 그리고 예수님의 설교를 들으려고 모인 5000명의 사람들을 먹이셨다. 이제 예수님은 가장 가까운 세 명의 제자들만 데리고 살짝 빠져나가신다.

> **28** 이 말씀을 하신 후 팔 일쯤 되어 예수께서 베드로와 요한과 야고보를 데리고 기도하시러 산에 올라가사 **29** 기도

하실 때에 용모가 변화되고 그 옷이 희어져 광채가 나더라 30 문득 두 사람이 예수와 함께 말하니 이는 모세와 엘리야라 31 영광 중에 나타나서 장차 예수께서 예루살렘에서 별세하실 것을 말할새 32 베드로와 및 함께 있는 자들이 깊이 졸다가 온전히 깨어나 예수의 영광과 및 함께 선 두 사람을 보더니 33 두 사람이 떠날 때에 베드로가 예수께 여짜오되 주여 우리가 여기 있는 것이 좋사오니 우리가 초막 셋을 짓되 하나는 주를 위하여, 하나는 모세를 위하여, 하나는 엘리야를 위하여 하사이다 하되 자기가 하는 말을 자기도 알지 못하더라 34 이 말 할 즈음에 구름이 와서 그들을 덮는지라 구름 속으로 들어갈 때에 그들이 무서워하더니 35 구름 속에서 소리가 나서 이르되 이는 나의 아들 곧 택함을 받은 자니 너희는 그의 말을 들으라하고

_누가복음 9:28-35

놀라운 이야기이다. 예수님이 죽은 자들과 대화하신 사실뿐만 아니라, 모세와 엘리야가 나타나기 전에 예수님의 모습이 변화되었던 것 같다. 놀랍게도, 제자들은 그 시간 내내 거의 잠이 들어 있었다! 결국 하나님께서 그들을 덮은 구름으로부터 말씀하심으로 그 상황을 드러내셨다.

하나님 아버지께서 육성으로 말씀하신 사건이 예수님의 삶에서 오직 세 번밖에 없었다는 것을 생각해본다면, 각각의 음성은 특별한 의미가 있는 것이다.

예수님이 세례 받으실 때 하나님은 처음 말씀하셨다.

> "성령이 비둘기 같은 형체로 그의 위에 강림하시더니 하늘로부터 소리가 나기를 너는 내 사랑하는 아들이라 내가 너를 기뻐하노라 하시니라" _ 누가복음 3:22

이것은 하나님 아버지께서 개인적으로 예수님께 말씀하신 것으로, 그분의 사랑과 승인을 예수님께 전하셨다.

두 번째로 하나님이 말씀하신 것은, 예수님이 자신의 임박한 죽음의 목적에 대해 제자들에게 공개적으로 이야기하고 있을 때였다.

> "지금 내 마음이 괴로우니 무슨 말을 하리요 아버지여 나를 구원하여 이 때를 면하게 하여 주옵소서 그러나 내가 이를 위하여 이 때에 왔나이다 아버지여, 아버지의 이름을 영광스럽게 하옵소서 하시니 이에 하늘에서 소리가 나서 이르되 내가 이미 영광스럽게 하였고 또다시 영광스럽게

하리라 하시니" _ 요한복음 12:27-28

그러나 변화산 상에서 하나님 아버지께서는 예수님에게 말
씀하지 않으셨다. 그대신 세 명의 제자들에게 말씀하신다. 사
실, 이것은 제자들에게 하나님의 육성이 들렸던 것을 기록한
단 한번의 사건이다. 베드로가 나중에 이 사건을 언급하였기
때문에 이 사건이 매우 강렬한 인상을 준다는 것을 우리는 안
다. 베드로는 빛이 나는 예수님이나 모세 또는 엘리야를 언급
하지 않는다. 그는 단지 하나님의 음성에 대해서만 말한다.

"지극히 큰 영광 중에서 이러한 소리가 그에게 나기를 이
는 내 사랑하는 아들이요 내 기뻐하는 자라 하실 때에 그
가 하나님 아버지께 존귀와 영광을 받으셨느니라 이 소리
는 우리가 그와 함께 거룩한 산에 있을 때에 하늘로부터
난 것을 들은 것이라" _ 베드로후서 1:17-18

그렇다면 이 말씀에 대해 무엇이 강렬한 인상을 주었는가?
구약 시대의 원로들 앞에서 영원한 영광과 함께 하나님의 아들
이 빛을 발하실 때, 구름으로부터 거룩하신 하나님이 말씀하시
는 것을 듣는 것 말고는 없다. 이 사건이 중요하다면, 나는 하

나님 아버지로부터 심오한 말씀을 기대하게 될 것이다. 그러나 하나님이 말씀하신 것은 "이는 내 사랑하는 아들이라 너희는 그의 말을 들으라!"가 전부였다.

그의 말을 들으라?

이 말씀의 첫 부분은 중요하지만 이미 매우 잘 알고 있는 것이다. 네 하나님, 우리가 압니다. 그분은 당신의 아들이고 당신이 사랑하는 분이십니다. 그게 아니다. 만약 여기에 무언가 중요한 것이 있다면 그것은 후반부에 나온다. "그의 말을 들으라!"

세 명의 제자들이 거의 그랬던 것 같이 이것을 놓치지 않길 바란다. 변화산 상에서의 경험으로부터 우리에게 주어진 가장 중요한 가르침은"그의 말을 듣는 것"이다. 이제 당신이 무엇을 생각하는지 안다. 산 꼭대기에서 그분 곁에 있으면서 어떻게 그분의 음성을 듣지 않을 수 있겠는가? 왠지, 나는 하나님 아버지께서 즉각적인 상황보다는 좀 더 오래 지속되는 어떤 것에 대해 말씀하시는 것이라고 생각한다. 마치 예수님이 빌라도에게 하나님 왕국에 대해 묘사하는 것과 거의 흡사하다. "진리에 속한 자는 내 음성을 듣느니라"(요한복음 18:37).

최상의 가르침의 순간에, 떨고 있는 제자들에게 하나님 아버지께서 말씀하실 수 있으셨던 모든 것, 즉 예배, 기도, 학습, 거룩함 안에서 사는 것, 삶을 깨끗이 하는 것, 가난한 자들을 먹

이는 것, 자신의 십자가를 지는 것, 그리고 예수님을 따르는 것……중에 그분은 단순히 "그의 말을 들으라"고 말씀하셨다.

그의 말을 들으라. 예수님의 말을 들으라는 것이다. 그렇지만 어떻게 듣는가?

선생

요한복음 17장에서 예수님은 제자들에게 그분이 떠나야 한다는 것을 말씀하고 계신다. 그렇지만 평상시 말씀하셨던 방법으로 하지 않으신다. "잘 있어라, 나중에 만나자"라는 말 대신, 아직 제자들이 경험하지 않았던 것들을 설명하시며 말씀을 계속 하신다. 그럼에도 불구하고 슬픔으로 가득 찬 제자들에게 입력되는 단 한 가지는 고통뿐이다.

> "지금 내가 나를 보내신 이에게로 가는데 너희 중에서 나
> 더러 어디로 가는지 묻는 자가 없고 도리어 내가 이 말을
> 하므로 너희 마음에 근심이 가득하였도다" _ 요한복음 16:5-6

예수님이 떠나가는 것이 최선이라고 주장하시지만, 그 임박한 떠남에 대한 이유들로는 예수님의 확신을 이해할 수 없다.

"그러나 내가 너희에게 실상을 말하노니 내가 떠나가는
것이 너희에게 유익이라 내가 떠나가지 아니하면 보혜사
가 너희에게로 오시지 아니할 것이요 가면 내가 그를 너희
에게로 보내리니" _ 요한복음 16:7

이러한 어둠의 순간에 처한 제자들의 생각을 상상해 볼 수
있는가? 누가 보혜사인가? 그분이 언제 오시는가? 그분은 정확
하게 무엇을 하실 것인가? 그리고 왜 그분의 명칭을 신격화하
고 있는가?

상황이 더 나빠졌다.

예수님의 그 다음 말씀들을 소화하면서 그들이 받을 충격의
무게를 상상해보라.

"내가 아직도 너희에게 이를 것이 많으나 지금은 너희가
감당하지 못하리라" _ 요한복음 16:12

제자들은 생각을 정리하면서 쉽게 믿어지지 않았을 것이다.

자아, 예수님, 당신이 우리를 떠나신다는데, 우리가 알아야
할 모든 것을 우리에게 말씀하지 않으셨잖아요? 유대인들은 우
리를 미워하고, 로마인들은 우리를 경계하고 있으며, 기적에

굶주린 군중들은 우리가 가는 곳마다 따라다니고 있습니다. 그런데 이제 당신이 하나님만 아시는 곳으로 가기 위해 우리를 떠나신다면서, 우리에게 할 말이 아직도 더 많다고 말씀하시는 겁니까? 어떻게 하실 겁니까?

다행히도 그들과 우리를 위해 예수님의 다음 말씀이 비밀을 풀어주기 시작한다.

> "그러나 진리의 성령이 오시면 그가 너희를 모든 진리 가운데로 인도하시리니 그가 스스로 말하지 않고 오직 들은 것을 말하며 장래 일을 너희에게 알리시리라 그가 내 영광을 나타내리니 내 것을 가지고 너희에게 알리시겠음이라 무릇 아버지께 있는 것은 다 내 것이라 그러므로 내가 말하기를 그가 내 것을 가지고 너희에게 알리시리라 하였노라" _ 요한복음 16:13-15

이제 "그의 말을 들으라…에 어떻게?" 라는 질문에 대답이 되었다. 예수님께서 이렇게 하시겠다는 것이다. 보혜사이신 "그가 내 것을 가지고 너희에게 알리실 것이다"라는 것이다. 제자들은 성령님을 통해 "그분의 말을 들어야" 한다. – 하나님 아버지께서 변화산 상에서 말씀하신 것과 같이 예수님의 말을 듣는 것이다. 성령님이 인도하시고, 말하시고, 알리실 것이다. 그분이 말씀하실 것이다.

임무를 맡기실 때 준비시키지 않는 것은 하나님 아버지의 본성이 아니다. 믿는 자들에게 "그의 말을 들으라."고 말씀하실 때, 하나님은 벌써 우리가 어떻게 들을 것인지, 즉 성령에 의해 듣는 것에 대한 계획을 가지고 계셨다. 이러한 준비는 가난하고 외로운 자들을 초청하는 것 이상을 의미한다. 이것은 모든 믿는 자들에게 절대적으로 필요한 것이다.

그 이유를 알아보자.

듣는 자들을 위한 하나님 왕국

놀랍게도, 제자들에게 하신 예수님의 말씀, 즉 이 땅에서 그분이 마지막으로 하셨던 말씀이 율법의 산인 시내산과 은혜의 산인 시온산 사이에서의 경험을 이분화 시킨다. 히브리서에는 다음과 같은 말씀이 나온다.

> "너희는 만질 수 있고 불이 붙는 산과 침침함과 흑암과 폭풍과 나팔 소리와 말하는 소리가 있는 곳에 이른 것이 아니라 그 소리를 듣는 자들은 더 말씀하지 아니하시기를 구

하였으니 이는 짐승이라도 그 산에 들어가면 돌로 침을 당
하리라 하신 명령을 그들이 견디지 못함이라"

시내산 밑에서 율법의 소리를 듣는 자들은 하나님의 음성을
견뎌낼 수가 없었다. 그렇다! 그들은 본능적으로 죄 된 자신들
상태의 무게를 알 수 있었다. 그러나 이제 그리스도를 통해 우
리는 하나님과 자유롭게 교제할 수 있게 되었다. 율법의 산은
자유의 산에 의해 대체되었다. 자유의 산에서 예수님은 우리로
하여금 하나님의 임재로 나아가는 방법을 중재해 주셨다.

"그러나 너희가 이른 곳은 시온 산과 살아 계신 하나님의
도성인 하늘의 예루살렘과 천만 천사와 하늘에 기록된 장
자들의 모임과 교회와 만민의 심판자이신 하나님과 및 온
전하게 된 의인의 영들과 새 언약의 중보자이신 예수와 및
아벨의 피보다 더 나은 것을 말하는 뿌린 피니라"

_ 히브리서 12:22-24

천사와 하늘 그리고 새 언약이다! 지금까지는 좋았다. 그러
나 상황이 심각해지고 있다. 계속 살펴보도록 하자.

"너희는 삼가 말씀하신 이를 거역하지 말라 땅에서 경고
하신 이를 거역한 그들이 피하지 못하였거든 하물며 하늘
로부터 경고하신 이를 배반하는 우리일까보냐 그 때에는
그 소리가 땅을 진동하였거니와 이제는 약속하여 이르시
되 내가 또 한 번 땅만 아니라 하늘도 진동하리라 하셨느
니라" _ 히브리서 12:25-26

예수님이 빌라도에게 말씀하시고 또한 하나님 아버지께서
세 명의 제자들에게 말씀하셨던 것 같이, "너희는 삼가 말씀하
신 이를 거역하지 말라"는 말은 단순히 "그분의 말을 들으라"는
것을 의미한다. 그러면 우리가 그분의 말을 들으면 무슨 일이
일어나는가?

"그러므로 우리가 흔들리지 않는 나라를 받았은즉 은혜를
받자 이로 말미암아 경건함과 두려움으로 하나님을 기쁘
시게 섬길지니" _ 히브리서 12:28

우리가 그분의 말을 들으면, 우리는 흔들리지 않는 하나님
왕국을 받게 된다.
문화의 7산들에 침투하기 전에 우리는 하나뿐인 하나님의

산에 거해야 한다. 그곳에서만 우리는 그분의 말을 듣는 것을 배우게 된다. 그곳에서만 우리는 하나님 왕국을 받게 된다.

자, 이제 시작한다.

5장

하나님 왕국의 열쇠

세상의 문화를 변혁하는 준비를 하며 하나님과의 관계로 들어
갈 때, 우리는 하나님 왕국 안에서의 주요한 원칙들을 붙잡아
야 한다. 그 원칙들 중 하나가 마태복음 16장에 나오는데, 하나
님 왕국의 열쇠들이라고 부른다. 그것은 신약에서 가장 잘 알
려진 구절 중의 하나로, 베드로가 예수님을 그리스도로 나타내
는 장면에서 시작된다.

> "예수께서 빌립보 가이사랴 지방에 이르러 제자들에게 물
> 어 이르시되 사람들이 인자를 누구라 하느냐 이르되 더러
> 는 세례 요한, 더러는 엘리야, 어떤 이는 예레미야나 선지
> 자 중의 하나라 하나이다 이르시되 너희는 나를 누구라 하

느냐 시몬 베드로가 대답하여 이르되 주는 그리스도시요 살아 계신 하나님의 아들이시니이다" _ 마태복음 16:13-16

조만간 베드로가 폭력과 부인, 절망과 두려움 그리고 마음이 무너지는 후회감에 빠지는 상태로 나아가는 것을 감안한다면, 이 때는 베드로가 좋은 상태에 있었던 것 같다. 그렇다. 베드로는 어려운 방법으로 배운다. 그러나 베드로는 여기에서 처음으로 제대로 하고 있다. 그만큼 예수님이 그를 칭찬하신다.

"예수께서 대답하여 이르시되 바요나 시몬아 네가 복이 있도다 이를 네게 알게 한 이는 혈육이 아니요 하늘에 계신 내 아버지시니라" _ 마태복음 16:17

그래서 성경에서 가장 널리 해석되고 있는 다음과 같은 구절에서, 예수님은 그분의 신출내기 사도에게 놀랄만한 축복을 내리시는 것처럼 보인다.

"또 내가 네게 이르노니 너는 베드로라 내가 이 반석 위에 내 교회를 세우리니 음부의 권세가 이기지 못하리라"
_ 마태복음 16:18

멋지지 않은가? 누가 예수님의 교회에서 반석이 될 것이라고 선포되는 것을 원하지 않겠는가? 특히 동료 제자들이 듣는 앞에서 말이다. 누가 반석을 질투하지 않겠는가? 그런데, 마치 이것이 충분하지 않은 듯 예수님은 다음과 같은 최종적인 선포를 풀어내신다.

> 내가 천국 열쇠를 네게 주리니 네가 땅에서 무엇이든지 매면 하늘에서도 매일 것이요 네가 땅에서 무엇이든지 풀면 하늘에서도 풀리리라 하시고" _ 마태복음 16:29

계시와 반석이 된 스타의 위치, 그리고 왕국에 대한 열쇠까지, 뜨고 있는 베드로에게 이보다 더 좋은 상황은 없을 것이다. 그러나 상황이 항상 겉보기와 같은 것은 아니다. 하나님 왕국과 음성에 대한 계시가 우리에게 자라나고 있는 것을 감안하여 우리는 예수님이 말씀하신 것을 재검토할 필요가 있다.

보다 면밀한 검토

하나님 왕국의 열쇠에 관한 이야기는 사실 예수님이 제자들과 함께 거니시며 다른 사람들이 예수님을 어떻게 보고 있느냐고 질문하면서 시작된다. 제자들은, "더러는 세례 요한, 더러는 엘리야, 어떤 이는 예레미야나 선지자 중의 하나라고" 대답한다. 흥미롭게도 모든 사람이 예수님을 선지자로 여기고 있다. 그러나 예수님이 제자들에게 단도직입적으로 "그러면 너희는 나를 누구라 하느냐?"고 물으실 때, 베드로는 이 질문에 "주는 그리스도시요 살아 계신 하나님의 아들이시니이다"라고 못을 박는다.

나를 놀라게 한 것은 예수님이 베드로에게 반응하신 방법이다.

먼저, 예수님은 흥분하신 것 같고, 베드로를 매우 칭찬하신다. "바요나 시몬아 네가 복이 있도다". 이 칭찬은 "이를 네게 알게 한 이는 혈육이 아니요 하늘에 계신 내 아버지시니라"로 연결된다.

예수님이 흥분하신 것은 갑자기 그분이 일반적인 대화에서 벗어나 "내가 이 반석 위에 내 교회를 세우리라" 같은 유명한 선포를 하시고, 그 다음에 극적인 발언을 하신 것으로 보아 확실하다. 그렇다면 예수님이 흥분하신 것은 무엇 때문인가? 그리고 예수님이 말씀하신 반석이란 무엇인가?

당신이 그 질문을 해서 기쁘다.

역사적 해석(가톨릭, 성공회, 동방정교)을 보면, 베드로 자신이 예수님이 그분의 교회를 세우실 반석이라는 것이다. 이 해석은 애당초 18절의, "내가 네게 이르노니 너는 베드로라"라는 문장에서 가져온 것이다. 예수님은 시몬(히브리어: 혼들리는 갈대)이 베드로(그리스어: 반석)로 알려질 것이라고 선포하신다. 베드로에 대한 개인적 언급이 역사적인 교회들로 하여금 교회의 반석이 사람이고, 특히 베드로와 그의 후계자들이라고 믿도록 하였다. 그러므로 이 해석은 교회로 하여금 베드로의 현신으로 교회의 반석을 유지하는 사도적 계승의 전통을 세우도록 요구한다. 그래서 가톨릭에서는 교황이, 성공회에서는 대주교가 그리고 동방정교에서는 총대주교가 된다.

당신도 알듯이, 개신교의 교회에서는 성경을 다르게 해석한다. 사람인 베드로 대신에, 그들은 베드로가 반석이라고 받았던 계시라고 말한다. 그렇다면 그 계시는 무엇인가? 예수님이 "그리스도시요 살아 계신 하나님의 아들이시니이다"라는 계시이다. 그들은 이것이 예수님이 그분의 교회를 세우실 반석이라고 믿는다.

나 또한 이것이 기초가 되는 계시라고 전적으로 동의한다. 예수님이 하나님의 아들이시다! 그러나 이 계시는 제자들에게 그리 새로운 것이 아니었다. 예수님이 시몬 베드로를 사람을 낚는 어부가 되도록 부르시기 전부터, 그의 동생 안드레는 그에게 예수님이 메시아라는 것을 말해주었다(요한복음 1:41). 그렇다면 베드로가 정확하게 예수님을 그리스도로 알아보았을 때 왜 예수님은 흥분하셨을까? (결국은 베드로였지 않았는가)

그렇다. 예수님을 그리스도로 아는 계시는 우리 믿음의 기초가 된다. 그러나 반석에 대해서는 뭔가 더 있어야 한다. 왜냐하면 예수님이 성경에서 실제로 반응하신 것은 이 계시가 아니기 때문이다. 자세히 살펴보라. 17절에서 예수님이 시몬을 축복하신 후 그를 베드로로 부르시기 전, 예수님은, "이를 네게 알게 한 이는 혈육이 아니요 하늘에 계신 내 아버지시니라"고 말씀하신다. 예수님이 베드로가 한 말에 대해 직접적으로 언급하지 않고 있다는 것에 주목하라. "베드로야, 내가 누구인지 알게 되어 네가 복이 있구나"라고 말하는 대신, 예수님은 베드로가 이 계시를 받은 방법에 흥분하며 반응하신다.

예수님은 베드로가 "하늘에 계신 나의 아버지"의 음성을 들을 수 있었기 때문에 그가 복을 받았고 시몬(흔들리는 갈대)에서 베드로(견고한 반석)로 변화된다는 것을 말하고 계신다. 베드로에 대한 예수님의 대답은 예수님의 정체성에 대한 베드로의 이해함이 사람으로부터 오지 않았다는 것을 강조하고 있다. 베드로는 이 지식을 공부나 관찰 또는 예수님의 가르침에서조차 얻은 것이 아니다. 그대신 베드로는 "하늘에 계신 아버지"로부터 들었던 것이다.

베드로가 하나님의 음성을 듣게 되었을 때, 예수님은 그분의
교회를 세울 반석을 하나 가지게 된 것이다. 그렇다!

교회의 반석은 하나님의 음성이다

나를 오해하지는 말기 바란다. 나는 리더십의 계승을 전폭적
으로 지지한다. 로마에 있는 성바실리카 성당은 멋진 곳이기도
하다. 그러나 우리는 예수님의 가르침을 바르게 이해해야 한
다. 나는 마태복음 16장에서 예수님이 말씀하신 반석은, 하나
님의 음성을 듣는 행위와 하나님이 말씀하신 대로 행하는 것이
라고 굳게 믿는다.

이 부분에 대한 납득을 원한다면, 예수님이 스스로에 대해
말씀하신 것을 보면 된다.

"그러므로 예수께서 그들에게 이르시되 내가 진실로 진실
로 너희에게 이르노니 아들이 아버지께서 하시는 일을 보
지 않고는 아무 것도 스스로 할 수 없나니 아버지께서 행
하시는 그것을 아들도 그와 같이 행하느니라"

_ 요한복음 5:19

"내가 아무 것도 스스로 할 수 없노라 듣는 대로 심판하노니 나는 나의 뜻대로 하려 하지 않고 나를 보내신 이의 뜻대로 하려 하므로 내 심판은 의로우니라" _ 요한복음 5:30

이 두 구절에서 예수님은 자신이 행하는 것의 방법을 밝히고 계신다. 이 중요한 구절에서의 행동을 나타내는 단어들을 주목하라. "아버지께서 하시는 일을 보지 않고는"와 "듣는 대로 심판하노니"이다. 그분은 아버지를 보고, 들으신다. 예수님은 계시가 사역의 열쇠라고 말씀하시는 것이다.

요한복음 16장에서 예수님은 그분의 일이 세워지는 계시에 한 차원을 더하신다.

"그러나 진리의 성령이 오시면 그가 너희를 모든 진리 가운데로 인도하시리니 그가 스스로 말하지 않고 오직 들은 것을 말하며 장래 일을 너희에게 알리시리라"

_ 요한복음 16:13

성령님도 계시에 근거하여 행동하신다는 것을 주목하라.

예수님이 이 땅에 오셔서 세우실 모든 것의 창립 멤버들인 열렬한 제자들에 둘러싸여 있는 그 중대한 순간에, 예수님은 계시의 반석 위에 그분의 교회를 세울 것이라고 말씀하고 계신다.

이것은 우리가 하나님의 음성을 들을 때 다음과 같은 것을 의미한다.

- 우리는 흔들리는 갈대에서(시몬) 견고한 반석(베드로)으로 바뀐다.
- 우리는 하나님 왕국의 열쇠를 가지게 된다.
- 우리는 하늘에서와 같이 이 땅에서 묶고 풀 수 있다.
- 음부의 문이 우리를 이길 수 없다.

간단히 말해서, 우리에게 주어진 하나님 왕국의 권세는 하나님의 음성을 듣는 우리의 능력에서 온다는 것이다.

권세가 없이 우리는 왕국을 세울 수 없고, 왕으로부터의 계시가 없이 우리에게는 권세가 없다.

그렇지만, 항상 그런 것만은 아니다.

잃어버린 낙원

사람은 하나님의 형상으로 창조되었다. 그는 하나님과 교제

했으며 이 땅에 대한 권세를 가지고 있었다(창세기 1장). 불행히도, 사람이 죄를 지었을 때, 그는 하나님께서 주신 권세를 잃어버렸다. 이 정도는 잘 알려져 있다. 그러나 사람이 그의 권세를 잃은 그 방법이 바로 그가 권세를 어떻게 되찾아야 하는지 이해하기 위한 중요한 요소이다.

창세기 3장에 나오는 원죄의 이야기는 뱀이 하와에게 하나님이 말씀하신 것에 대해 질문하면서 시작된다. "하나님이 정말 말씀하셨니?"이다. 원수의 첫 번째 도전이 하나님의 음성을 듣는 사람의 능력에 관한 것임을 주목하라.

> "그런데 뱀은 여호와 하나님이 지으신 들짐승 중에 가장 간교하니라 뱀이 여자에게 물어 이르되 하나님이 참으로 너희에게 동산 모든 나무의 열매를 먹지 말라 하시더냐 여자가 뱀에게 말하되 동산 나무의 열매를 우리가 먹을 수 있으나 동산 중앙에 있는 나무의 열매는 하나님의 말씀에 너희는 먹지도 말고 만지지도 말라 너희가 죽을까 하노라 하셨느니라 뱀이 여자에게 이르되 너희가 결코 죽지 아니하리라 너희가 그것을 먹는 날에는 너희 눈이 밝아져 하나님과 같이 되어 선악을 알 줄 하나님이 아심이니라" _ 창세기 3:1-5

뱀의 도전에 대한 이브의 반응은 희미하고 정확하지 않다. 그녀는 그 나무를 알아내는 데에도 실패하고, 그 열매에 손을 댐으로 벌을 더한다(창세기 2:16). 그러자 뱀은 이브에게 "너희가 결코 죽지 아니하리라"고 말하며 하나님이 거짓말을 하였다고 비난한다. 마지막으로 그는 이브에게 하나님의 음성을 듣지 않는 삶을 제안한다. "하나님과 같이 되어 선악을 알게 될 것이다." 비극적으로 이브는 속임에 빠지고 함께 타락한 아담에게도 동일한 제안을 한다.

머지않아, 새로 만들어진 "신들"은 하나님의 음성이 부르자 반석 뒤로 가서 숨는다.

> "그 날 바람이 불 때 동산에 거니시는 여호와 하나님의 소리를 듣고 아담과 그의 아내가 여호와 하나님의 낯을 피하여 동산 나무 사이에 숨은지라 여호와 하나님이 아담을 부르시며 그에게 이르시되 네가 어디 있느냐 이르되 내가 동산에서 하나님의 소리를 듣고 내가 벗었으므로 두려워하여 숨었나이다" _ 창세기 3:8-10

그의 인생에서 처음으로 사람은 하나님의 음성을 두려워하게 된다. "내가 동산에서 하나님의 소리를 듣고… 두려워하여…"

여기서부터 상황은 나빠지기 시작한다. 사람은 저주를 받고, 사랑의 하나님은 그가 벌을 받아야 하는 이유를 설명하신다.

> "아담에게 이르시되 네가 네 아내의 말을 듣고 내가 네게 먹지 말라 한 나무의 열매를 먹었은즉 땅은 너로 말미암아 저주를 받고 너는 네 평생에 수고하여야 그 소산을 먹으리라" _ 창세기 3:17

저주는 아담이 자기 아내의 음성을 들었기 때문이 아니라(남자들에게 미안하지만), 그가 하나님이 아닌 다른 음성을 들었기 때문에 온 것이다.

되찾은 낙원

사람의 통치권은 그가 하나님의 음성을 두려워하기 시작하였을 때 에덴동산에서 잃어버렸다. 그러나, 예수 그리스도께서 이 땅에 오셔서 마귀가 동산에서 가져간 것을 되찾아 주셨다. "인자가 온 것은 잃어버린 자를 찾아 구원하려 함이니라"(누가복음 19:10).

이제 우리는 마태복음 16장 18절에서 예수님이 왜 그렇게 흥분하셨는가를 이해할 수 있다. 결국은 베드로가 하늘에 계신 아버지로부터 계시를 받은 것이다. 베드로가 받을 수 있는 것이라면, 그들 모두도 받을 수 있는 것이다! 이 땅에서 예수님 사역의 주된 임무 중에 하나였던 것이 완수되었다. 그것은 사람에게 하나님의 음성을 회복시키는 것이었다. 오늘의 어부는 내일의 왕이 될 것이다.

하나님 왕국의 권세

이 땅에서 예수님이 행했던 모든 것 중 하나님의 음성을 듣는 것을 회복하는 것이 사람의 권세를 되찾는 기본이었다. 권세가 없이는 왕국이 있을 수 없었다. 성경을 통해 우리는 하나님의 음성과 권세가 결부됨을 볼 수 있다.

예수님이 제자들에게 "사람들이 인자를 누구라 하느냐?"라고 물었을 때, 예레미야라고도 답하였다. 예수님이 예레미야는 아니었지만, 이러한 틀린 정체성도 존중하는 의미로 주어졌다.

성경에서 하나님에 의해 선지자가 될 예레미야의 부르심은 가장 분명한 예언적 부르심 중의 하나이다. 예레미야 1장에 나온다. 전체 문장을 인용하기보다는, 잘 알려진 주요 구절들을 인용하도록 하겠다.

예레미야 1장 5절에서 하나님은 말씀하신다.

> "내가 너를 모태에 짓기 전에 너를 알았고 네가 배에서 나오기 전에 너를 성별하였고 너를 여러 나라의 선지자로 세웠노라 하시기로"

그리고 10절은 다음과 같다.

> "보라 내가 오늘 너를 여러 나라와 여러 왕국 위에 세워 네가 그것들을 뽑고 파괴하며 파멸하고 넘어뜨리며 건설하고 심게 하였느니라 하시니라"

물론, 사람들은 이러한 선언에 흥분한다. 왜 아니겠는가? 나라들에 대한 권세를 가지고 세워지는 선지자에 대해 읽는 것은 멋진 것이다. 그러나 으레 그러하듯이, 우리는 근본적인 뿌리가 되는 원인은 알아채지 못하면서 눈에 보이는 최종적인 모습에 빠져들곤 한다. 이 유명한 장의 9절은 선지자가 어떻게 나라들 위에 세워지는가를 말하고 있다.

"여호와께서 그의 손을 내밀어 내 입에 대시며 여호와께서 내게 이르시되 보라 내가 내 말을 네 입에 두었노라 보라 내가 오늘 너를 여러 나라와 여러 왕국 위에 세워 네가 그것들을 뽑고 파괴하며 파멸하고 넘어뜨리며 건설하고 심게 하였느니라 하시니라" _ 예레미야 1:9-10

하나님의 말씀을 예레미야의 입에 두심으로 하나님께서 그를 나라들 위에 세우셨다. 하나님의 음성이 선지자에게 능력과 권세를 주었다.

예수님도 동일한 권세를 주장하신다.

"예수께서 나아와 말씀하여 이르시되 하늘과 땅의 모든 권세를 내게 주셨으니" _ 마태복음 28:18

그리고 예수님은 모든 나라들을 제자화 함으로 하나님 왕국을 세우는 권세를 교회에게 주신다.

"그러므로 너희는 가서 모든 민족을 제자로 삼아 아버지와 아들과 성령의 이름으로 세례를 베풀고 내가 너희에게 분부한 모든 것을 가르쳐 지키게 하라 볼지어다 내가 세상

끝날까지 너희와 항상 함께 있으리라 하시니라"

_ 마태복음 28:19-20

예수님이 단순히 제자들에게 말씀하심으로 하늘과 땅의 모든 권세를 그들에게 주시는 것을 주목하라. 이제 그들은 하나님의 음성을 들을 수 있게 되었고, 그래서 그들은 하나님의 권세를 받을 수 있게 된 것이다.

이것은 오늘날까지도 그대로이다. 모든 권세는 예수님께 주어졌고, 예수님은 그것을 우리에게 주셨다. 이야기가 끝난 것 같은가?

사실, 이야기는 지금부터 시작이다.

(하나님의 음성을 듣는 것에 대해 더 알고 싶으면 "나는 소리들을 듣는다"라는 부록을 참고하기 바란다.)

6장 하나님 왕국의
권세와 문화

교회가 하나님의 음성 듣는 것을 배우면, 문화의 7 산들에 하나
님 왕국을 가져오는 권세를 받게 된다. 이러한 영향력 안에서,
우리는 하나님 왕국을 시행하게 된다. 그런데, 하나님 왕국을
시행한다는 말은 무슨 뜻인가?

바울의 말에서 힌트를 얻을 수 있다. 로마인들에게 보낸 바
울의 편지에서, 그는 구약의 율법과 의식을 신약의 영과 대
비하고 있다. 바울은 "성령 안에서의 의와 평강과 희락"(로마서
14:17)으로 특징지어지는 영이라고 말한다. 하나님 왕국을 시행
하는 것은 분명히 의와 평강과 희락의 세 가지와 관련이 있다.

의는 신약에 95번 나와있는데, 하나님과의 관계에 있어 근
본적인 것이다. 우리는 하나님 왕국에 참여하기 위해 하나님과

올바른 관계에 있어야 한다(마태복음 5:20). 희락은 신약에 61번 나와있는데, 하나님 왕국 안에서 주님과의 새로운 풍성한 생명을 말한다(골로새서 1:11-13). 둘 다 성경을 통해 긍정적인 것으로 묘사되고 있다.

그러나 평강은 신약에 95번 나오는데, 항상 긍정적이지도, 평화스러운 것도 아니다. 평강은 주로 폭력이나 전쟁 그리고 힘과 관련되어 있다. 우리가 하나님 왕국을 시행하려면 평강을 이해해야 한다.

평강peace은 무엇인가?

신약에서의 평강peace은 긍정적인 상황 또는 부정적인 상황과 관련되어 있다. 부정적인 예는 다음과 같다. "내가 세상에 화평peace을 주려고 온 줄로 아느냐 내가 너희에게 이르노니 아니라 도리어 분쟁하게 하려 함이로라"(누가복음 12:51). 평강peace을 찾는 것의 허망함에 대해서는 데살로니가전서 5장 3절에 언급되어 있다. "그들이 평안peace하다, 안전하다 할 그 때에 임신한 여자에게 해산의 고통이 이름과 같이 멸망이 갑자기 그들에게 이르리니 결코 피하지 못하리라."

평강(peace)에 대한 긍정적인 구절은 많이 있다. 예수님은 요한복음 14장 27절에서 제자들에게 주님의 평강peace을 주신다. "평안peace을 너희에게 끼치노니 곧 나의 평안peace을 너희에게 주노라." 이 땅에서 예수님의 목적은 평강peace의 측면으로 묘사된다. "그의 십자가의 피로 화평peace을 이루사"(골로새서 1:20. 우리는 평강peace의 복음을 전하도록 명령 받았다. "아름답도다 좋은 소식(영어 성경에는 '평강의 복음'으로 되어 있음-역자주)을 전하는 자들의 발이여 함과 같으니라"(로마서 10:15). 하나님 아버지도 평강의 하나님으로 반복하여 언급되고 있다. (로마서 15:33, 로마서 16:20, 빌립보서 4:9, 데살로니가전서 5:23, 히브리서 13:20 참조).

신약이 쓰여진 그리스어에 "평강"을 의미하는 것으로 한 단어를 사용하고 있지만, 사실 eirene이라는 단어는 두 가지의 의미를 가지고 있다.

- 평온한 상태, 개인간의 평화 예) 조화, 화합
- 안정감, 안전함, 형통함, 더 없는 행복감

평강에 대한 구약의 히브리어는 더 간단한 해석을 가지고 있다. 두 단어가 전형적으로 "평강"으로 번역되는 데에 사용되었다. "평강"에 대한 일반적인 단어는 charash인데, '조용한' 또는 '평온한' 이라는 뜻이다. 예를 들면, "너희는 잠잠하고 나를 버

려두어 말하게 하라 무슨 일이 닥치든지 내가 당하리라!"(욥기 13:13). 다른 번역으로는 "잠잠하라" 대신에 "조용하라"고 말한다. (아마도 현대 속어로 하면, "입 닥쳐!"일 것이다.)

"평강"으로 번역된 다른 히브리어는 shalom이다. Shalom은 조용한 것과 전혀 관련이 없다. 그대신 두 번째 그리스어의 의미를 지니고 있다. 건강, 번영 그리고 안전이다. 이 단어는 아직도 이스라엘에서 인사/축복의 의미로 사용되고 있는데, "당신에게 평강을 드립니다."로 번역된다.

평강에 대한 진정한 의미를 아는 것이 우리로 하여금 그것을 시행하는 방법을 결정하게 한다. 이사야서에서 우리는 예수님이 평강의 왕으로 묘사되는 멋진 구절을 보게 된다.

> "이는 한 아기가 우리에게 났고 한 아들을 우리에게 주신 바 되었는데 그의 어깨에는 정사를 메었고 그의 이름은 기묘자라, 모사라, 전능하신 하나님이라, 영존하시는 아버지라, 평강의 왕이라 할 것임이라 그 정사와 평강의 더함이 무궁하며 또 다윗의 왕좌와 그의 나라에 군림하여 그 나라를 굳게 세우고 지금 이후로 영원히 정의와 공의로 그것을 보존하실 것이라 만군의 여호와의 열심이 이를 이루시리라"_ 이사야 9:6-7

멋지지 않는가? 우리에게 아기 그리스도가 계시다. "기묘자… 전능하다… 정의와 공의"와 같은 단어들이다. 예수님을 "평강의 왕"이라 표현하는 데 있어 "전능함"은 무엇을 하는가? 전능함은 평강과 무슨 관련이 있는가? 이것을 이해하기 위해 우리는 예수님의 통치에 대한 이사야의 경이로운 선언문 앞에 나오는 언어를 살펴봐야 한다.

> "이는 그들이 무겁게 멘 멍에와 그들의 어깨의 채찍과 그 압제자의 막대기를 주께서 꺾으시되 미디안의 날과 같이 하셨음이니이다 어지러이 싸우는 군인들의 신과 피 묻은 겉옷이 불에 섶 같이 살라지리니 이는 한 아기가 우리에게 났고 한 아들을 우리에게 주신 바 되었는데 그의 어깨에는 정사를 메었고 그의 이름은 기묘자라, 모사라, 전능하신 하나님이라, 영존하시는 아버지라, 평강의 왕이라 할 것임이라"_ 이사야 9:4-6

여기에 사용된 언어는 폭력적이다. "멍에를 꺾다… 압제자… 싸우는 군인들의 신… 피 묻은 겉옷… 불에 살라지다." 여기에 대학살이 벌어지고 있다. 물론 갈등과 화평peace은 함께 하는 것이긴 하다.

역설적이게도, 그리스도인들은 어려울 때마다 이사야 26장 3절을 자주 사용한다. "주께서 심지가 견고한 자를 평강하고 평강하도록 지키시리니 이는 그가 주를 신뢰함이니이다." 그러나 전체 문맥을 보면 따뜻함이나 안아주는 것과는 거리가 먼 것을 나타내고 있다.

> "그 날에 유다 땅에서 이 노래를 부르리라 우리에게 견고한 성읍이 있음이여 여호와께서 구원을 성벽과 외벽으로 삼으시리로다 너희는 문들을 열고 신의를 지키는 의로운 나라가 들어오게 할지어다 주께서 심지가 견고한 자를 평강하고 평강하도록 지키시리니 이는 그가 주를 신뢰함이니이다 너희는 여호와를 영원히 신뢰하라 주 여호와는 영원한 반석이심이로다 높은 데에 거주하는 자를 낮추시며 솟은 성을 헐어 땅에 엎으시되 진토에 미치게 하셨도다 발이 그것을 밟으리니 곧 빈궁한 자의 발과 곤핍한 자의 걸음이리로다" _ 이사야 26:1-6

평강에 대한 이사야의 아름다운 약속은 폭력적이고 호전적인 언어를 배경으로 되어진 것이다. "견고한 성읍… 성벽과 외벽… 높은 데에 거주하는 자를 낮추시며… 땅에 엎으시되 진토에 미치게 하셨도다… 밟으리니…" 대격변과 평강의 위로 사이에 관련이 있음이 명백하다. 평강은 변화를 요구하지만, 변화는 갈등을 야기시킨다. 모두가 평강을 원하지만 평강을 이루기 위한 피 흘림의 갈등을 좋아하는 사람은 없다.

갈등에 있어서는 스가랴도 다르지 않다. 여기에 화평에 관한 그의 입장이 있다.

"만군의 여호와가 이같이 말하노라 너희 조상들이 나를 격노하게 하였을 때에 내가 그들에게 재앙을 내리기로 뜻하고 뉘우치지 아니하였으나 이제 내가 다시 예루살렘과 유다 족속에게 은혜를 베풀기로 뜻하였나니 너희는 두려워하지 말지니라 너희가 행할 일은 이러하니라 너희는 이웃과 더불어 진리를 말하며 너희 성문에서 진실하고 화평한 재판을 베풀고 마음에 서로 해하기를 도모하지 말며 거짓 맹세를 좋아하지 말라 이 모든 일은 내가 미워하는 것이니라 여호와의 말이니라 만군의 여호와의 말씀이 내게 임하여 이르시되 만군의 여호와가 이같이 말하노라 넷째 달의 금식과 다섯째 달의 금식과 일곱째 달의 금식과 열째 달의 금식이 변하여 유다 족속에게 기쁨과 즐거움과 희락의 절기들이 되리니 오직 너희는 진리와 화평을 사랑할지

니라" _ 스가랴 8:14-19

하나님은 우리에게 기뻐하고 즐거워함으로 축하하라고 하신다. 오직 너희는 진리와 화평을 사랑할지니라. 그런데 위의 문맥에서, 하나님은 스스로를 "만군의 여호와"로 일컫고 계신다. 그 말은 여호와 사바오스Jehovah Sabaoth에서 온 것으로, 전쟁의 하나님이라는 뜻이다. 이것은 이사야 9장 7절에서 하나님이 "만군의 여호와의 열심이 이를 이루시리라"라고 말씀하셨을 때 사용하신 동일한 이름이다. 평강의 왕을 위한 보좌를 세우기 위해 전쟁의 하나님이라는 이름을 사용하는 것이 어울리지 않는 것 같아 보이지만, 진정한 평강shalom은 올바른 권세가 시행된 것의 결과라는 것을 하나님은 아신다.

이제, 이러한 평강이 구약 시대에만 국한된 것이라고 생각하지 않기 위해, 하나님이 예수님의 다스림을 다윗의 왕국과 연결하고 계시는 것을 주목해 보라.

> "그 정사와 평강의 더함이 무궁하며 또 다윗의 왕좌와 그의 나라에 군림하여 그 나라를 굳게 세우고 지금 이후로 영원히 정의와 공의로 그것을 보존하실 것이라 만군의 여호와의 열심이 이를 이루시리라" _ 이사야 9:7

사도행전에서, 예수님은 다윗의 씨로 언급된다.

"폐하시고 다윗을 왕으로 세우시고 증언하여 이르시되 내가 이새의 아들 다윗을 만나니 내 마음에 맞는 사람이라 내 뜻을 다 이루리라 하시더니 하나님이 약속하신 대로 이 사람의 후손에서 이스라엘을 위하여 구주를 세우셨으니 곧 예수라" _ 사도행전 13:22-23

역사적으로, 다윗 왕은 하나님의 백성을 위한 평강을 세우기 위해 다른 어떤 왕보다도 더 많은 전쟁을 수행하였다. 다윗 왕의 생애 전반에 걸쳐, 하나님의 원수들과 싸워서 그들을 무찔렀다. 다윗이 솔로몬에게 왕국을 넘겨줄 때가 되어서야, 이스라엘의 모든 지경에 평화가 있었다. 다윗이 임무를 잘 수행했기 때문에, 솔로몬의 통치 기간에도 그 땅에 평화가 계속되었다. 개인적으로, 평강의 왕이 솔로몬의 보좌에 앉는 것이 더 맞다고 생각하지만, 하나님은 그분을 다윗의 보좌에 놓으셨다. 다윗은 전쟁을 통해 평화를 시행한 왕이었다.

샬롬Shalom의 평강은 올바른 권세가 시행될 때 나온다. 다윗은 왕국에 건강, 번영 그리고 안전과 같은 샬롬shalom을 가져왔다.

에베소서에서, 바울은 화평의 권세에 대해 쓰고 있다.
화평은 벽을 허문다.

> "이제는 전에 멀리 있던 너희가 그리스도 예수 안에서 그
> 리스도의 피로 가까워졌느니라 그는 우리의 화평이신지
> 라 둘로 하나를 만드사 원수 된 것 곧 중간에 막힌 담을 자
> 기 육체로 허시고" _ 에베소서 2:13-14

평안은 유대감이다.

> "평안의 매는 줄로 성령이 하나 되게 하신 것을 힘써 지키
> 라" _ 에베소서 4:3

평안은 전쟁을 위해 우리를 준비시킨다.

> "평안의 복음이 준비한 것으로 신을 신고 모든 것 위에 믿
> 음의 방패를 가지고 이로써 능히 악한 자의 모든 불화살을
> 소멸하고" _ 에베소서 6:14-15

여기에 사용된 평강의 어떤 것도 생각에 안정감과 조용함을

주는 것이 아니고, 샬롬shalom 즉 건강과 안전, 번영이라는 의미에 잘 들어 맞는다는 것을 주목하라.

마지막으로, 바울이 로마인들에게 보낸 편지에서보다 샬롬shalom의 평강을 더 분명하게 선포하는 곳이 없다는 것을 보게 된다. "평강의 하나님께서 속히 사탄을 너희 발 아래에서 상하게 하시리라"(로마서 16:20). 이 말이 깊이 새겨지도록 하라. 평강의 하나님이 무엇을 하신다고 하였는가? 그분이 상하게 하신다. 그렇다. 그분이 그렇게 하신다!

- 예수님은 "마귀의 일을 멸하려"고 오셨다(요한일서 3:8).
- 그분이 우리를 치유하실 때, 그분은 우리의 발 밑에서 질병을 상하게 하신다.
- 그분이 우리의 필요를 채우실 때, 그분은 우리의 발 밑에서 가난을 상하게 하신다.
- 그분이 우리를 보호하실 때, 그분은 우리의 발 밑에서 불안정과 억압을 상하게 하신다.

평강의 왕이 그분의 왕국에서 의로움을 시행하시기 위해 용사의 보좌에 앉으신다. 그분은 원수를 멸하시고 그분의 백성에게 샬롬shalom의 건강, 안전 그리고 번영을 가져오신다.

샬롬Shalom의 평강이 모든 문화 안에 필요하다고 나는 믿는다. 누가 건강이나 안전 그리고 번영을 원하지 않겠는가? 그래서 경찰관이 있는 것이다. 우리 가정이나 공동체의 평강이 위협받을 때, 우리는 평강을 회복하도록 경찰관을 부른다. 그러나 이러한 경찰관들은 조용하게 오지 않는다. 우리의 안전이나 건강 또는 번영이 공격받는다면, 우리는 조용함이나 평온함에 관심을 두지 않는다. 우리는 강제적으로 시행하는 것을 원한다! 경찰관은 불을 번쩍이며 사이렌(고요함이 아니다) 소리를 울리며 올 것이다. 그들은 제복을 입고 배지를 달고 무기와 감금 수단을 가지고 호전적일 것이다. 우리는 그들이 범죄자를 붙잡고 묶거나, 필요하다면 총기를 사용해서라도 그들을 체포하기를 원할 것이다. 이러한 모든 힘이 평강을 시행하기 위해 필요하다. 경찰관은 법률가나 재판관들이 아니다. 단지 그들의 일은 주어진 법과 판결을 시행하는 것이다.

평강의 원수는 죽이고 도적질하며 멸망시키기 위해 왔지만, 우리의 평강의 왕께서 원수를 제압할 모든 권세를 우리에게 주셨다. 경찰관이 "법의 이름으로 멈추어라!"고 말하듯, 우리는 "예수님의 이름으로 멈추어라!"고 명할 수 있다.

하나님이 우리에게 평강의 왕이 되길 원하신다. 그분은 평강, 즉 하나님의 권세를 시행하길 원하신다. 교회는 하나님 왕국의 평강을 세울 권세를 가지고 있다. 평강은 하나님의 말씀이 법인 곳에서 즉, 하나님의 음성을 듣는 곳에서 온다. 하나님 왕국을 문화의 7산들에 가져가는 것이 우리가 받은 명령이다. 우리에게 실제로 요구되는 것을 놓치지 말자. 하나님 왕국에서는 의로운 자가 기쁨을 가져오기 위해 평강을 시행한다.

7장 | 하나님 왕국 개혁

하나님 왕국의 메시지는 개인의 삶과 교회 그리고 문화를 변화시킬 힘이 있는 메시지이다. 그것은 일시적인 식이요법이나 빨리 부자 되는 법 또는 영상이 담긴 긴급 뉴스 같은 것이 아니다. 그것은 우리를 위로하고 높이기 위한 것도 아니다. 그것은 문화의 7산들에 의와 평강과 희락을 가져오기 위한 것이다. 그것은 영원한 변화를 가져와서 하나님께 영광이 되는 것이다.

그렇다. 우리는 특별한 개혁의 때에 있다. 하나님 왕국을 세우기 위해 하나님이 우리를 부르고 계신 때이다. 그것은 지금이고, 오늘이다! 문화의 7산들을 우리 주님의 왕국으로 변혁하기 위해서, 그리스도인들이 먼저 개인적으로 공동체적으로 변혁되어야 한다. 개혁가가 되기 위해서 우리가 먼저 개혁되어야 한다. 우리가 개혁을 먼저 겪어야 하는 것이다.

개혁이란 무엇인가?

일반적으로, 개혁은 기관이나 관습을 바꾸는 것이다. 하나님 왕국이 개입되면, 상황은 좀 더 구체적이 된다. "개혁"이란 단어는 신약에서만 사용되었다.

기독교가 가져오는 변화는 히브리서에 나온다.

> "첫 언약에도 섬기는 예법과 세상에 속한 성소가 있더라 예비한 첫 장막이 있고……오직 둘째 장막은 대제사장이 홀로 일 년에 한 번 들어가되 자기와 백성의 허물을 위하여 드리는 피 없이는 아니하나니 성령이 이로써 보이신 것은 첫 장막이 서 있을 동안에는 성소에 들어가는 길이 아직 나타나지 아니한 것이라 이 장막은 현재까지의 비유니 이에 따라 드리는 예물과 제사는 섬기는 자를 그 양심상 온전하게 할 수 없나니 이런 것은 먹고 마시는 것과 여러 가지 씻는 것과 함께 육체의 예법일 뿐이며 개혁할 때까지 맡겨 둔 것이니라" _ 히브리서 9:1-10

"개혁"은 그리스어 diorthosis에서 온 것으로, "곧게 만들다"(dia는 "통해", orthos는 "곧게"란 뜻이다)란 의미이다. 그것이 개혁을 뜻하며, 다음과 같은 의미를 가진다.

a) 올바른 배치, 올바른 질서

b) 회복과 개선의, 다시 올바르게 가져오는; 여기에서 말하는 것은, 불완전하거나 부적절한 것이 더 나은 것으로 대체되는 때를 말한다(Vine 사전).

"개혁"에 대한 사전적 정의는 다음과 같다.

1. a) 더 나은 형태나 상태로 놓거나 변화하는 것. b) 형태의 변화 또는 잘못이나 폐습을 제거함으로 수정하거나 개선하는 것.

2. 더 나은 방법이나 행동을 도입하거나 시행함으로 끝을 맺는 것.

히브리서 9장 10절에서는 그리스도께서 십자가에서 죽으시고 다시 살아나셨을 때 하나님께로 가는 길을 "곧게 만드신" 것을 강조하기 위해 개혁을 사용하였다. 사실, 예수님은 역사에서 가장 중요한 개혁을 가져오셨다. 교회가 전진하면서 수많은 성공과 실패를 반복하였음에도 불구하고 오늘날에도 그 개혁은 계속되고 있다.

개혁과 그 안에서 우리의 역할을 평가하기 위해, 우리는 개혁의 역사를 검토하고, 교회가 앞으로 전진하도록 한 이러한 격변의 때에 일어났던 것을 이해해야 한다. 역사 속에 많은 부흥이 있었지만, 우리는 세 번의 주요 개혁에 초점을 맞출 것이다.

제1의 개혁은 예수님이 이 땅에 오셨을 때였다. 제2의 개혁은 16세기 독일에서 시작된 신교주의 개혁이 있었을 때였다. 제3의 개혁은 오늘날의 개혁을 말한다.

개혁 101에 대해 간단하게 언급하도록 하자.

개혁들

개혁 시대의 역사적이고 영적인 분위기를 살펴볼 때, 우리는 각각의 개혁의 때에 공통된 조건들이 있었음을 알게 된다. 우리는 이러한 조건들을 계시와 활성화, 기술과 경제성으로 분류할 수 있다.

• 계시는 신학이 개혁되는 것으로, 우리가 하나님을 어

떻게 이해하느냐이다.

- 활성화는 교회의 관행이 개혁되는 것으로, 우리가 하나님과 어떻게 관계하느냐이다.
- 기술은 하나님의 백성이 사용할 수 있는 물리적인 능력을 말한다.
- 경제성은 교회가 운행되는 재정적 환경을 말한다.

제1의 개혁

제1의 개혁은 예수님이 이 땅에 사셨다가 그분의 왕국을 세우기 위해 성령님을 보내주셨을 때 일어났다.

역사적 맥락

B.C 63년에, 로마의 폼페이 장군이 예루살렘을 점령하여 유대인의 왕국을 로마의 식민지로 종속시켰다. BC40-39년에는 헤롯 대왕이 로마 원로원에 의해 유대인의 왕으로 임명되었고, A.D 6년에는 유대의 마지막 지도자가 아우구스투스에 의해 해임되고, 그의 영토는 이두매와 사마리아에 합병되어 로마 통치 하의 이두매 지방에 속하게 되었다.

그렇다면, 이 제1의 개혁은 어떤 모습이었을까?

계시

예수 그리스도가 하나님의 아들이며 하나님 왕국의 왕이라고 선포하는 기독교가 유대주의로부터 벗어나면서, 신학이 급진적 개혁을 겪었다.

활성화

성령님께서 교회에 말하기 시작하셨고, 교회에 능력을 부여하여 교회가 하나님 왕국을 세우는 대사로 운행되도록 하였다. "하늘에서와 같이 땅에서도"가 공인된 목표가 되었다.

기술

Pax Romana(로마 지배에 의한 평화)로 인해, 세계는 비교적 안정적이었다. 로마의 통치를 통한 정치적 안정 속에서 상업과 경제, 예술과 건축이 번창하였다. 이전과 다르게, 이 평화는 오래 지속되면서 여행과 의사 소통을 크게 촉진시켰다. 그러므로, 제자들은 하나님의 말씀을 가지고 멀리 넓은 곳으로 갈 수 있게 되었다.

경제성

이 부분은 분명하지 않지만, 우리는 예수님이 태어난 장소가 세금령에 의해 다스려진 곳이라는 것을 안다. 줄리우스 시저가 자신의 초상이 담긴 동전을 발행했을 때, 동전의 형상은 중요한 단계를 취하게 되었다. B.C 27년에 로마 공화국 체제가 끝났고, 아우구스투스(B.C 63 - A.D 14)가 로마의 첫 황제로 등극하였다. 로마가 독자적 힘을 가지면서, 황제의 주권과 동전의 발행 간에는 상관관계가 있음이 알려지기 시작하였다.

요약

제1의 개혁은 예수님과 성령님을 우리에게 가져다 주었고, 유대교로부터 막 태어난 기독교 교회는 빠르게 유대주의와 거리를 두면서 거기에서 벗어났다.

제2의 개혁

제2의 개혁은 1517년 '모든 성도의 날'에 마틴 루터가 독일의 위텐베르그에서 '모든 성도 교회'의 문에 95개의 조항을 못박았을 때 일어났다. 그의 행동은 논쟁을 불러 일으켰고, 그 당시 가톨릭 교회가 믿고 행했던 많은 것에 의문을 불러 일으켰다.

역사적 맥락

신교 개혁은 마틴 루터와 존 칼빈 그리고 다른 신교도들에 의해 시작되었던 16세기 서구 기독교의 종파 분립이었다. 그것은 1517년 루터의 95개 조항 포스터에 의해 불이 붙었다. 로마 가톨릭 교회의 교리와 의식 그리고 구조에 저항하는 개혁가들의 노력이, 새로운 국가적 신교도 교회들이 생겨나도록 하였다. 개혁은 유럽 안에서의 '어둠의 날Black Day'이나 '서구 종교 분립Western Schism'과 같은 사건들에 의해 초래되었다. 거의 100년 동안에, 세 명의 다른 사람들이 동시에 교황이라고 주장하는 일도 있었다. 이것이 가톨릭 교회와 가톨릭 교회를 다스리는 교황제에 대한 사람들의 믿음을 감소시켰다. 또한 15세기의 인쇄기 발명, 동로마 제국의 멸망, 중세 시대의 끝 그리고 현대 시대의 시작과 같은 많은 요소들이 오늘날 우리가 알고 있는 신교를 만들어 내는 데에 공헌하였다.

제2의 개혁은 다음과 같았다.

계시

개혁가들의 신학은 세 가지 주요 원칙들을 기반으로 하여 로마 가톨릭으로부터 떠났다.

- 성경의 유일한 권위
- 믿음 만으로의 칭의
- 믿는 자의 제사장직

이러한 것들이 오늘날에는 그리 과격해 보이지 않지만, 루터 시대에는 가톨릭 교회로부터 권세를 빼앗고 사람들을 다스리는 능력의 종교적 위계질서를 없애는 영향력을 끼쳤다. 이것이 급격하게 성직을 땅으로 끌어 내렸기에, 어떤 사람은 놀랄 만큼 두려운 것이라고 말할 수도 있다.

활성화

모든 믿는 자들의 제사장화를 통해, 신교적 개혁은 구원을 포함한 하나님과의 관계와 개인 간의 관계에 책임을 두었다. 더 이상 교회가 하나님과 사람 사이에 서 있다고 주장할 수 없었다.

기술

1439년 요한 구텐베르그에 의한 인쇄기의 발명을 통해, 일반인들도 하나님 말씀을 사용할 수 있게 되어, 읽고 쓰는 능력과 교육에 대한 승리를 가져왔다. 루터의 독일어 성경 번역은

읽고 쓰는 능력의 확산에 있어서 결정적인 순간이 되었고, 많은 다른 종교적 서적들과 함께 소책자들의 인쇄와 보급이 활발하였다. 1517년 이후로, 종교 소책자들이 독일과 유럽 대부분에 밀려 들어왔다. 1530년경, 총 천 만부 이상의 사본을 가진 10,000여개 이상의 출판물들이 알려지기도 하였다. 개혁은 신학의 혁명일 뿐 아니라 매체의 혁명이었다.

경제화

경제는 봉건 체제에서 자본주의 체제로 개혁되었다. 봉건주의는 대부분 유럽에서 일어났는데, 중세 시대에서 16세기까지 지속되었다. 봉건 영주들은 거의 자급자족하는 경제였기 때문에, 자유 시장의 역할이 제한되었다. 이것이 자본주의의 성장을 억눌렀다.

그러나, 특별히 농업과 탐험 분야에 있어서의 갑작스런 신기술의 등장과 발견이 자본주의의 성장에 활력을 주었다. 봉건주의 마지막 시기의 가장 중요한 등장은 "임금 근로자들과 자본주의 상인들 간의 이분화"였다. 중상주의와 함께, 경쟁적 기질은 승자와 패자를 만들어내었다. 이것은 봉건주의에서 중상주의로 가면서 확실해졌다. 중상주의란 자본재의 사적 또는 법인적 소유권과, 사적 결정에 의한 투자 그리고 산업혁명을 야기한 자유 시장 안에서 경쟁에 의한 재화의 가격과 생산 그리고 분배 결정에 의해 특징지어지는 경제 체제이다.

요약

신교 개혁은 주로 무지와 그 당시의 교회나 경제 체제와 같은 지배적인 기관들로 인한 억압의 멍에를 파하고, 개인들에게 능력을 부여하였다.

제3의 개혁

제3의 개혁은 지금이다. 그것은 하나님 왕국의 복음이다. 왕은 여기에 계시며 우리는 그분의 음성을 들어야 한다. 그것은 영적 순복과 사회적 섬김(봉사)을 통해 왕에게 순종하는 것을 선포한다. 교회는 변혁을 가져오기 위해 세상 문화의 7산들에 개입하고 있으며, 역사에서 가장 위대한 부흥을 촉진시키고 있다.

역사적 맥락

아직 우리에게는 역사적인 분석을 할 근거가 없다. 그대신, 우리는 지금 그 역사에 살고 있다. 그럼에도 불구하고, 우리는 무슨 일이 일어날 지에 대해 감지할 수 있다. 전세계적으로 식민주의는 끝났다. 세계의 주요 세력들은 유럽인과 미국인, 러시아인과 중국인들인데, 더 이상 그들은 영토를 확대함으로 자신들의 영향력을 확산시킬 수 없다. 그렇게 시도하는 것은, 나라들을 자유롭게 하려는 강대국들의 확고한 결의에 부딪히게 되는 것이다. 민주주의적 독립 상태가 중앙 집권적 정부의 형태를 대체하고 있다. 아직 독재자나 과두제(소수의 사람이나 집단이 사회의 정치적 경제적 권력을 독점하고 행사하는 정치 체제-역자 주)가 권력을 잡고 있는 곳이 있지만, 그들의 통치권은 잠식되고 있으며 좀 더 나은 민주주의 기관들로 대체되고 있다. 세계가 단결하면서, UN, WTO, EU, NAFTA, NATO, AU, OPEC, ASEAN, IMF와 같은 다국적 조직들이 권력과 영향력을 행사하고 있다.

계시

모든 성도는 "성도 운동"에 의해 유형화되는 하나님 왕국의 사역자들이다. 하나님 왕국은 우리의 일반적인 삶과 연관되어 알게 된다. 하나님과의 개인적인 관계가 기준이 되어, 각각의 믿는 자가 하나님의 음성을 듣는 법을 배우고, 그분의 음성이 이끄는 대로 권위를 가지고 행동하며, 예수님이 세우기 위해 오신 교회에 공헌하면서, 권력을 분산시키게 된다. 우리가 교회이다.

활성화

교회 사람들의 영적 변혁과 세상의 문화적 변혁을 통해 교회는 하나님 왕국을 세우고 있다.

기술

우리는 전례 없는 자유와 권세의 시대인 정보화 시대에 살고 있다. 그것은 개인이 자유롭게 정보를 전달하고 즉시 정보에 접근할 수 있는 능력으로 특징지어지는 시대로 20년 전만 해도 불가능하였다. 우리는 산업혁명의 전통적인 산업 모델에서 정보의 흐름에 기반을 둔 경제로의 변화를 경험하고 있다. 우리는 정보화 사회가 되고 있다.

경제

우리의 경제는 세계화되고 있는데, 재화와 서비스 그리고 기술과 자본이 국경을 넘어 빠르게 증가하는 국가간의 경제적 상호 의존 시대에 살고 있다.

요약

역사를 통해, 개혁과 부흥은 흥망 성쇠를 겪었다. 지도자들의 힘에 의해 일어났다가 그들의 잘못에 의해 기울어지기도 하였다. 이러한 과정을 통해, 모든 영적 각성은 다음 개혁이 있기 전 우리 안에서 더 위대한 개혁이 일어나야 하는 필요성을 보여주는 결과를 가져왔다. 문화의 7산들에 하나님의 왕국을 가져오는 우리의 여정은 예수님이 말씀하신 곳에서부터 시작해야 한다.

> "하나님의 나라는 볼 수 있게 임하는 것이 아니요 또 여기 있다 저기 있다고도 못하리니 하나님의 나라는 너희 안에 있느니라"_ 누가복음 17:20-21

마찬가지로, 정치적 관점에서 세상 문화의 변혁을 말하는 신학은 이 문제에 대한 예수님의 관점을 놓치게 된다.

> "예수께서 대답하시되 내 나라는 이 세상에 속한 것이 아니니라 만일 내 나라가 이 세상에 속한 것이었더라면 내 종들이 싸워 나로 유대인들에게 넘겨지지 않게 하였으리라 이제 내 나라는 여기에 속한 것이 아니니라"
> _ 요한복음 18:36

예수님은 정치적 사회적 행동을 주장하는 운동을 이끌지 않으신다. 그대신, 그분은 사회를 바꾸기 위해 삶을 변혁하는 하나님 왕국을 세우고 계신다.

하나님 왕국 메시지

제3의 개혁은 왕국 메시지를 선포하면서, 우리의 문화 안에 하나님 왕국을 세운다. 그 왕국 메시지는 예수님이 이 땅에서 사역을 시작하셨을 때 이사야 61장에서 선포하신 것이다.

> "예수께서 그 자라나신 곳 나사렛에 이르사 안식일에 늘 하시던 대로 회당에 들어가사 성경을 읽으려고 서시매 선지자 이사야의 글을 드리거늘 책을 펴서 이렇게 기록된 데를 찾으시니 곧 주의 성령이 내게 임하셨으니 이는 가난한 자에게 복음을 전하게 하시려고 내게 기름을 부으시고 나를 보내사 포로 된 자에게 자유를, 눈 먼 자에게 다시 보게 함을 전파하며 눌린 자를 자유롭게 하고 주의 은혜의 해를 전파하게 하려 하심이라 하였더라" _ 누가복음 4:16-19

"주의 은혜의 해를 전파하게 하려 하심이라"는 이사야 61장

2절에서 온 것으로, 희년의 안식년, 즉 땅이 안식하고 이스라엘 백성은 밭으로부터 자연스럽게 생산되는 것만을 거두도록 허락된 히브리인들의 50주년 절기를 직접적으로 언급한 것이다(레위기 25:11-12). 물려받은 모든 소유지는 원래의 소유주에게로 돌아갔다(레위기 25:13-34; 레위기 27:16-24). 모든 노예들은 자유롭게 되었고(레위기 25:39-54), 모든 빚은 탕감되었다. 대신, 하나님이 그 땅을 축복하셔서, 땅이 안식년을 위한 충분한 소산을 내도록 하셨다(레위기 25:20-22).

희년의 주요 요소들, 즉 하나님 왕국 메시지는 다음과 같다.

- 공급
- 은총
- 자유
- 치유

이것은 이사야 61장에 나타나 있는데, 그것은 이 땅에서의 예수님의 사역 선포이기도 하였다.

"주 여호와의 영이 내게 내리셨으니 이는 여호와께서 내게 기름을 부으사 가난한 자에게 아름다운 소식을 전하게

하려 하심이라 나를 보내사 마음이 상한 자를 고치며 포로
된 자에게 자유를, 갇힌 자에게 놓임을 선포하며 여호와의
은혜의 해와 우리 하나님의 보복의 날을 선포하여 모든 슬
픈 자를 위로하되 무릇 시온에서 슬퍼하는 자에게 화관을
주어 그 재를 대신하며 기쁨의 기름으로 그 슬픔을 대신하
며 찬송의 옷으로 그 근심을 대신하시고 그들이 의의 나무
곧 여호와께서 심으신 그 영광을 나타낼 자라 일컬음을 받
게 하려 하심이라" _ 이사야 61:1-3

영적인 것과 자연적인 것

성경 교사들은 하나님 왕국의 이러한 주요 요소들이 전적으
로 영적인 것이라고 해석하는 실수를 자주 범한다. 이러한 해
석에 따르면, 예수님이 하나님 왕국 메시지를 시작하는 선포를
하면서 영적으로 가난하고, 영적으로 포로가 되고, 영적으로
눈이 멀고, 영적으로 눌린 자들을 의미해야만 한다. 그렇지만,
자세히 살펴보면 더 위대한 진리가 드러난다.

빌 해몬 박사에 의하면, 성경을 순전히 영적인 방법으로만
해석하는 경향을 "회복 전pre-restoration" 단계라고 말한다. 그분의
책인 '선지자와 예언적 운동'에서, 해몬 박사는 회복 운동의 7가

지 특징을 표현하고 있다. 그 중 하나는, 회복된 계시가 영적인 현실에만 국한 된 것이 아니라 자연적인 세계에서도 분명히 적용된다는 것이다. 더욱이, 회복된 계시는 특정한 개인이나 단체에 제한되기 보다는 모든 사람들에게 가능하다는 것이다.

예를 들어보자. 제2의 개혁은 믿는 자의 제사장 직과 믿음과 은혜로 인한 개인적 구원에 대한 이해를 회복시켰다. 이러한 회복된 계시는 일반 믿는 자들로 하여금 은혜의 보좌 앞에 담대히 나아가게 한다. 이전에 그 보좌는 교회에서 안수 받은 제사장들과 높은 지위의 사람들만 접근이 가능하다고 생각했었던 장소였다.

누가복음 4장 18절에서 예수님이 선포하신 회복의 관점으로부터, 우리는 하나님 왕국 메시지가 수반하는 것이 무엇인지에 대한 영적인 해석과 함께 자연적 해석을 받아들이고 그것을 이해할 수 있게 된다.

- "가난한 자들에게의 복음"은 가난으로부터의 자유를 의미할 수 있다.
- "포로된 자들을 풀어줌"은 모든 종류의 속박으로부터 풀어짐을 의미할 수 있다.
- "눈 먼 자들의 회복"은 육신의 치유를 의미할 수 있다.

• "눌린 자들에게의 자유"는 우리 문화와 사회의 변혁을 의미할 수 있다.

주님의 은혜에 대한 풍성한 이해함이 있지 않은가! 우리는 예수님이 제자들에게 기도하는 법을 가르치셨을 때에도 비슷한 요소들을 보게 된다.

> "그러므로 너희는 이렇게 기도하라 하늘에 계신 우리 아버지여 이름이 거룩히 여김을 받으시오며 나라가 임하시오며 뜻이 하늘에서 이루어진 것 같이 땅에서도 이루어지이다 오늘 우리에게 일용할 양식을 주시옵고 우리가 우리에게 죄 지은 자를 사하여 준 것 같이 우리 죄를 사하여 주시옵고 우리를 시험에 들게 하지 마시옵고 다만 악에서 구하시옵소서 나라와 권세와 영광이 아버지께 영원히 있사옵나이다 아멘." _ 마태복음 6:9-13

기도가 하나님 왕국에서 시작하여 하나님 왕국으로 끝나는데, "우리를 시험에 들게 하지 마시옵고"와 "악에서 구하시옵소서"와 같은 영적인 문제들을 이중으로 강조하고 있는 것에 주목하라. 이러한 것들은 "우리에게 일용할 양식을 주시옵고"와

"우리 죄를 사하여 주시옵고"와 같은 자연적인 문제들과 함께 언급되고 있다. 기도하는 법을 우리에게 가르치면서, 예수님은 아버지의 뜻이 "하늘에서 이루어진 것 같이 땅에서도 이루어지이다"라고 하시면서, 다가올 하나님 왕국을 위해 영적인 요소와 자연적인 요소를 동일시하고 계신다.

양과 염소의 나라들

영적인 것과 자연적인 것에 대한 이해함에 더하여, 우리는 마태복음에서 하나님 왕국과 자연적인 행동 사이의 놀라운 연관성을 보게 된다.

> "인자가 자기 영광으로 모든 천사와 함께 올 때에 자기 영광의 보좌에 앉으리니 모든 민족을 그 앞에 모으고 각각 구분하기를 목자가 양과 염소를 구분하는 것 같이 하여 양은 그 오른편에 염소는 왼편에 두리라 그 때에 임금이 그 오른편에 있는 자들에게 이르시되 내 아버지께 복 받을 자들이여 나아와 창세로부터 너희를 위하여 예비된 나라를 상속받으라 내가 주릴 때에 너희가 먹을 것을 주었고 목마를 때에 마시게 하였고 나그네 되었을 때에 영접하였고 헐

벗었을 때에 옷을 입혔고 병들었을 때에 돌보았고 옥에 갇혔을 때에 와서 보았느니라 이에 의인들이 대답하여 이르되 주여 우리가 어느 때에 주께서 주리신 것을 보고 음식을 대접하였으며 목마르신 것을 보고 마시게 하였나이까 어느 때에 나그네 되신 것을 보고 영접하였으며 헐벗으신 것을 보고 옷 입혔나이까 어느 때에 병드신 것이나 옥에 갇히신 것을 보고 가서 뵈었나이까 하리니 임금이 대답하여 이르시되 내가 진실로 너희에게 이르노니 너희가 여기 내 형제 중에 지극히 작은 자 하나에게 한 것이 곧 내게 한 것이니라 하시고" _ 마태복음 25:31-40

나라들을 심판하기 위해 왕이 사용하는 자연적인 척도를 보라. 그것은 굶주리고 목마르며 나그네 된 자들과 헐벗은 자들, 그리고 아프고 갇힌 자들에 대한 대우에 기준을 두고 있다. 그러한 사람들을 돌본 사람들은 "양의 나라들", 즉 왕을 따르는 자들이라고 불린다. 흥미롭게도, 여기에는 전도나 방언 말하는 것, 기적 행함이나 성령의 은사들과 같은 어떠한 영적인 요구조건이나 활동이 언급되지 않았다. 양의 나라들은 의로운 자들을 말한다. "이에 의인들이 대답하여 이르되"(37절). 예수님은 그들의 선한 행위를 직접적으로 자신에게 연결시키고 계신다.

"임금이 대답하여 이르시되 내가 진실로 너희에게 이르노니 너희가 여기 내 형제 중에 지극히 작은 자 하나에게 한 것이 곧 내게 한 것이니라"(40절).

이것은 야고보서 2장 5절에서도 반복된다. "내 사랑하는 형제들아 들을지어다 하나님이 세상에서 가난한 자를 택하사 믿음에 부요하게 하시고 또 자기를 사랑하는 자들에게 약속하신 나라를 상속으로 받게 하지 아니하셨느냐?"

물론, 우리는 하나님 왕국에 들어가기 위한 영적 조건들을 선포한 성경 구절들과도 균형을 이루어야 한다.

> "불의한 자가 하나님의 나라를 유업으로 받지 못할 줄을 알지 못하느냐" _ 고린도전서 6:9

> "형제들아 내가 이것을 말하노니 혈과 육은 하나님 나라를 이어 받을 수 없고 또한 썩는 것은 썩지 아니하는 것을 유업으로 받지 못하느니라" _ 고린도전서 15:50

> "투기와 술 취함과 방탕함과 또 그와 같은 것들이라 전에 너희에게 경계한 것 같이 경계하노니 이런 일을 하는 자들은 하나님의 나라를 유업으로 받지 못할 것이요" _ 갈라디아서 5:21

"진실로 진실로 네게 이르노니 사람이 거듭나지 아니하면 하나님의 나라를 볼 수 없느니라"_ 요한복음 3:3

"너희도 정녕 이것을 알거니와 음행하는 자나 더러운 자나 탐하는 자 곧 우상 숭배자는 다 그리스도와 하나님의 나라에서 기업을 얻지 못하리니"_ 에베소서 5:5

이러한 구절들이 말하듯, 하나님 왕국에는 두 가지 측면이 있다. 첫째는 거듭나야 하고 의롭게 살아야 하는 영적인 조건이다. 둘째는 우리 주변에 필요가 있는 자들에게 사역해야 하는 자연적인 조건이다. 교회가 각각 하나님 왕국의 한 면만을 강조하면서 일반적인 두 그룹으로 나누어지는 것을 보게 된다. 오순절파와 은사주의 그리고 그 외 신학적으로 보수적인 복음주의적 교회들은 구원과 영적 세례, 치유와 축사 그리고 제자화와 같은 영적인 필요에 강조점을 둔다. 반면, 신학적으로 자유로운 교회들은 가난한 자들을 먹이고 병원을 지으며 집 없는 자들에게 나아가는 사회 활동에 강조점을 둔다. 제3의 개혁은 이러한 기능들을 다시 결합하여, 우리의 문화에 영적이며 사회적인 변혁을 가져오도록 하는 온전한 하나님 왕국의 복음을 가져오는 것이다.

"이 천국 복음이 모든 민족에게 증언되기 위하여 온 세상에 전파되리니 그제야 끝이 오리라"_ 마태복음 24:14

"그러므로 너희는 가서 모든 민족을 제자로 삼아"

_ 마태복음 28:19

하나님은 완벽한 균형을 맞추신다. 그분은 주님 오시는 길을 예비하기 위해 개혁을 하신다. 그분은 모든 믿는 자들에게 영적으로 오시고, 온 세상에 실질적인 육신으로 오실 것이다.

우리는 각각 하나님이 우리를 부르신 영역에 영향력을 끼치도록 부르심을 받았다. 우리는 각각 그분의 음성을 듣고, 한 번에 한 사람씩 또는 한 영역씩 되찾아오게 된다. 이 세상의 왕국들은 자연적으로, 영적으로 모두 우리 주님의 왕국들이 되는 것이다.

8장

각성의 때

세상이 목격할 수 있는 가장 위대한 부흥이 우리 주님의 재림을 예고하며 오고 있다. 우리는 로마인들에게 말한 바울의 말이 성취되는 것을 보고 있다. "주께서 이르시되 내가 살았노니 모든 무릎이 내게 꿇을 것이요 모든 혀가 하나님께 자백하리라"(로마서 14:11). 모든 무릎이 꿇고 있다. 모든 피조물이 예수 그리스도의 주권 아래로 오고 있다. 문화의 7 산들은 하나님의 빛으로 깨어나고 있다.

미래의 어느 날, 역사가들은 제2의 개혁(마틴 루터, 독일 위텐베르그, 1517년 10월 31일)에 대해 그랬던 것 같이, 현재 일어나는 개혁의 공식 시작의 날과 장소 그리고 지도자의 이름을 말하게 될 것이다. 역사가들은 그렇게 한다. 그러나, 제3의 개혁은 역사에서의 하나의 시점이 아니다. 오히려 그것은 많은 사람들과 장소들 그리고 시간대에서 하나님의 영이 운행하는 절정의 때이다.

전적인 개혁을 가져오는 영적인 행동들은 다양한 이름들을 가지게 된다. 부흥, 새롭게 함, 재생, 회복, 운동, 각성 등이다. 이 개혁은 하나의 작은 회중으로부터 큰 공동체와 국제적인 운동에 이르기까지 많은 장소에서, 즉 사람들이 하나님의 음성을 듣는 모든 장소에서 일어난다. 어떤 것들은 그 장소에서만 일어나 알려지고, 어떤 것들은 전 세계적으로 알려진다. 또 어떤 것들은 짧은 기간에 일어나고, 또 다른 것들은 수십 년을 지속한다. 이것은 하나님의 목적을 성취하기 위해 이 땅에서 운행하시는 하나님에 대한 반응이다.

각성

"각성"이라는 사건들은 미국의 교회에게는 소중한 의미를 지닌다. 왜냐하면 미국에는 세 번의 "위대한 대 각성"이 있었는데, 그것이 미국을 형성하게 되었고 미국의 초창기 개발에 기여하였기 때문이다. 어떤 대 각성은 미국 내에서만 일어난 사건인 반면, 다른 각성은 전 세계적인 영향력을 끼치기도 하였다. 미국내의 대 각성의 역사는 오늘날 우리가 경험하고 있는 세계적인 개혁의 실례가 될 수 있다.

이러한 각성에 대해 간단하게 살펴본 결과, 흥미로운 패턴을 보게 된다. 그것은 역사를 통해 매 50년에서 60년 주기로 일어났다는 것이다. 1730-1741년에 시작하여, 1800-1804년, 1857-1859년, 1960-1967년의 순차적인 각성을 볼 수 있다. 한 세대를 걸러 각성이 일어났다는 것을 보여주는데, 즉 하나의 각성이 일어날 때 젊은 세대였던 사람들이 다음 각성이 일어날 때에는 조부모 세대가 된다는 것을 의미한다. 이러한 패턴이 맞다면, 미국은 2010년에 새로운 각성을 맞이하게 된다.

각성이 사회와 특히 교회에 미치는 영향력을 이해하는 것은 매우 중요하다. 다음의 내용은 역사적인 것이지만, 이러한 역사를 알아가면 오늘날 교회를 이해하는 데에 도움이 될 것이다.

첫 번째 대 각성 1730 - 1741

첫 번째 대 각성은 요나단 에드워즈, 요한 웨슬레, 죠지 휫필드와 같은 지도자들에 의해 일어났다. 위대한 기관들이 형성되고 특별한 운동이 있었다는 증거는 없지만, 이 각성으로부터 가장 큰 영향을 받은 세대는 영국으로부터 미국의 독립을 이끌어낸 세대였다. 첫 번째 대 각성은 창조주에 의해 부여된 권리로서의 독립을 선포한 세대의 조부모와 부모들에게 영향을 끼쳤다.

> 우리는 모든 인간은 동등하게 태어났고, 창조주에 의해
> 인간의 절대적 권리가 부여되었으며, 그 중 생명과 자유
> 와 행복의 추구권이 있음을 자명한 진리로 주장한다.
>
> 독립 선언문, 1776년 7월 4일

두 번째 대 각성 1800-1804

두 번째 대 각성에서 잘 알려진 지도자는 찰스 피니였다. 신학과 교회 정치의 변화 속에서, 미국의 기독교인들은 이 기간에 사회를 변혁하는 것을 자신들의 책임으로 여겼다. 이 각성은 흔히 남북 전쟁 전의 개혁으로 알려지면서, 이러한 현상은 금주, 여성권, 노예제도 폐지 그리고 사회가 직면한 많은 다른 문제점들을 개혁하는 것을 포함하였다. 두 번째 대 각성의 종교적 열정은 제2 정당제라는 새로운 정치적 열정에 의해 울려 퍼졌다. 역사가들은 하나님의 계획의 일부분이었던 개혁에 참여한 자들 안에서 이러한 이해함이 일반적이라고 강조한다. 그 결과, 지역 교회들은 구원을 가져올 수 있는 사람들과 법 개정

그리고 기관들의 설립을 통해 세계를 정화하는 것이 사회에서의 자신들의 역할로 보았다. 금주 운동가들, 노예제도 반대자들, 또는 다른 여러 개혁가들이 자신들의 신념을 국내의 정치에 실행하려 함으로써, 세상을 변혁하려는 관심은 정치의 주흐름에 적용되었다. 이전에 종교가 미국 정치계에 중요한 역할을 했었다면, 두 번째 대 각성은 개인의 신념이 중요한 역할을 하는 것으로 두드러졌다.

교회주의자들은 북서쪽 지역을 전도하기 위해 선교 단체들을 세웠다. 이러한 단체의 멤버들은 믿음의 사도로 또한 북동부 도시 지역 문화의 교육자와 대표자들로 활동하였다. 출판과 교육계는 기독교 교육을 장려하였다. 그 중 가장 눈에 띄는 것으로는 1816년에 창설된 미국 성서 공회였다. 사회 행동주의는 노예제도 폐지 그룹과 금주 운동가들에게 영향을 주었다. 그들은 감옥을 개혁하고, 장애자들과 정신질환자들을 돌보는 노력을 시작하였다. 그들은 사람들의 완전성을 믿었고, 그들의 노력에 있어서 대단히 도덕적이었다. 두 번째 대 각성은 서구 전역에 매스컴과 교회 관련 대학들을 마련하는 소셜 네트워크(사회 연결망)와 종교적 저널리즘을 포함하는 "종교적이며 교육적인 기반시설"을 만들어내었던 "조직하는 과정organizing process"으로의 역할을 하였다(www.ushistory.org/us/22c.asp).

세 번째 대 각성 1857-1859

세 번째 대 각성의 지도자로는 드와이트 L. 무디가 잘 알려져 있다. 이 때는 미국 역사 내에서 1850년대 후반부터 일어난 종교 행동주의의 시기였다. 종교 행동주의는 경건한 신교 교파들에게 영향을 주었고, 사회 행동운동에 대한 강한 신념을 가지고 있었다. 그들은 그리스도의 재림은 인류가 온 땅을 개혁한 이후에 온다는 후천년 신학으로부터 힘을 모았다. 전 세계적인 선교사 운동이 그러했던 것 같이, 그 운동의 주 요소는 기독교를 사회 문제들에 적용하여 각성으로부터 힘을 얻는 사회적 복음 운동이었다. 이 때에, 새로운 무리들이 일어났는데, 성결 운동과 나사렛 운동 그리고 크리스천 사이언스와 같은 것이다 (https://www.christianhistoryinstitue.ogr/magazine/article/wake-of-the-third-great-awakening).

다시 이 때에, 신교의 주류 교회들은 크기와 부와 교육 수준에 있어 급격하게 성장하였고, 초기의 개척자적인 자세를 버리고 도시들에 중심을 두게 되었다. 요시아 스트롱Josiah Strong과 같은 지식인들과 작가들이 미국 내와 전 세계 안의 교회가 없는 지역에 체계적인 구제활동을 하면서 강력한 기독교를 주창하였다.

다른 이들은 다음 세대를 훈련하기 위한 전문대학과 종합대학을 세웠다. 각각의 교파들은 활동적인 선교 협회들을 후원하였고, 선교사의 역할을 높였다. (북쪽 지역의) 경건한 신교 주류의 대부분은 공화당을 지지하여 금주법과 사회적 개혁을 승인하도록 추진하였다.

1858년의 대 각성은 미국의 내전으로 중단되었는데, 한편 동시에 남쪽의 로버트 E. 리 장군의 군대 안에서는 이러한 각성이 부흥을 일으키는 계기가 되었다. 전쟁이 끝난 후, 드와이트 L. 무디가 시카고에 무디 성경 학교를 설립함으로 부흥주의를 그의 활동의 중심으로 만들었다.

특히 이라 상키Ira Sankey의 찬송가들은 "드라이즈dry's"가 종교의 이름으로 금주 운동을 하면서 미국 내 전역에 영향을 끼쳤다. 기독교 여성 금주 협회The Woman's Christian Temperance Union는 술과 음란물과 매춘에 대한 사회적 운동을 위해, 신교 여성들을 동원하여 여성의 투표권을 요구하는 데에 불을 붙였다(https://www.christianhistoryinstitue.org/magazine/article/wake-of-the-third-great-awakening/).

활주하는 시대The Glided Age라는 금권정치가 사회적 복음 설교가들과 점진적 시대The Progressive Era의 개혁가들에 의해 강한 공격을 받았다. 로버트 포겔Robert Fogel이라는 역사가는 수많은 개혁들을 밝혀냈는데, 특히 아이들 노동과 강제적인 초등교육 그리고 공장에서 여성을 이용하는 것으로부터의 보호와 같은 투쟁들이었다(www.regentsprep.org〉Regents〉Prep〉U.S.History〉Reform).

　모든 주요 교파들은 미국 내와 전 세계의 선교사 활동을 후원하였다. 교회들과 연합된 전문대학들이 그 수와 크기와 교육과정의 질에 있어서 급성장하였다. "강력한 기독교"라는 주창이 대학가와 도시의 YMCA 그리고 감리교도들을 위한 엡워스리그The Epworth League와 루터교도들을 위한 월더The Walther와 같은 청소년 그룹의 젊은이들 안에 널리 보급되었다.

아주사(Azuza) 거리 부흥

　반복적인 주기가 예견해주듯, 세 번째 각성 이후 약 50년이 지나서 교회는 아주사 거리의 부흥을 경험하게 되었다. 그것은 1906 - 1909년까지였다. 윌리암 세이모어William Seymore가 이 운동의 주요 지도자였다. 사도적 믿음The Apostolic Faith과 많은 세속의 기사들이 아주사 거리 부흥 사건을 의도적으로 광고하였고, 수천의 사람들이 이것을 직접적으로 목격하기 위해 이 사역을 방문하였다. 동시에, 수천의 사람들이 해외로 선교하기 위해 아주사 거리를 떠났다(http://enrighmentjournal.ag.org/1999904/026_azusa.

cfm).

  K.E.M. 스푸너Spooner 목사는 1909년에 이 부흥을 방문하였고, 보츠와나의 쯔와나 사람들 안에서 일하며 아프리카 안에서 신교 성결 교회의 가장 영향력 있는 선교사 중 한 사람이 되었다. A.G. 가르Garr와 그의 아내는 인도의 캘커타에 선교사로 보내져서, 작은 부흥을 인도하기도 하였다. 인도에서 방언을 하는 것이 그들로 하여금 원주민어인 벵갈리어를 하지 못하게 하였다. 가르Garr는 방언이 전도를 위한 명백한 증거라는 믿음에서, 방언은 "영적 능력"을 위한 은사라는 믿음으로 교리를 바꾸며 "성경적 증거"를 재정의함으로, 초기 신교주의에 지대하게 공헌하였다(http://askthedreamer.com/2012/12/24/legacy-of-azusa-street-a-revival-1906-1915/).

  부흥에 참석하였던 사람들은 전 세계 외딴 지역의 선교사들이 되기 위해 떠났다. 그래서 수많은 선교사들이 아주사에서 나갔다(1906년 10월에 약 38명이 떠났다). 그리고 2년 만에 이 운동은 영국과 스칸디나비아 반도, 독일, 홀란드, 이집트, 시리아, 팔레스타인, 남아프리카, 홍콩, 중국, 실론 그리고 인도를 포함한 50여개국으로 퍼져 나갔다. 기독교 지도자들이 전 세계로부터 이곳을 방문하였다(http://enrichmentjournal.ag.org/200602/200602_164_allpoints.cfm).

은사주의 운동 1960-1970

은사주의 운동이란 용어는 20세기에 여러 교단에서의 발전을 지칭하기 위해 다양하게 사용된다. 그것은 개인이나 역사적으로 주류인 교단들에서 오순절파와 비슷한 믿음과 관행을 도입한 국제적이며 교단을 넘어 초교파적인 운동으로 현재에도 진행되고 있다.

이 운동의 기초가 되는 믿음은 그리스도인들은 구원의 경험 다음으로 두 번째 경험인 성령에 의해 "충만하게 되거나" "세례를 받게 되어", 성령의 나타나심으로 증거가 된다고 하는 것이다. 신교도들 안에서, 이 운동은 1960년경 시작되었고, 로마 가톨릭 안에서는 1967년에 시작되었다(http://en.wikipedia.org/wiki/Charismatic_Move).

2008 - 현재

많은 사람들이 지난 20년간 기독교의 모양을 갖추는데 기여했지만, 현 시대의 각성에서 두드러진 지도자들은 아직 보이지 않는다고 나는 믿는다. 카리스마 잡지의 최근 기사에서, "세계를 급격하게 변화시켰다"고 믿는 40명의 이름을 목록에 올렸다. 그 중 한 분이 나의 아버지이신 빌 해몬 박사이시다(http://www.charismamag.com/anniversary/40-who-radically-changed-our-world).

많은 지대한 영향력을 목격해왔음에도 불구하고, 아직도 우리는 각성의 때에 있으며, 우리가 알아야 할 것이 아직 많이 있다. 우리가 아는 것 한 가지는 미국이 새로운 각성의 때에 있다는 것이다. 물론, 이것 또한 각성에 관련된 사람들의 선택이 어떠한가에 달려 있다. 미국이 하나님의 목적으로 깨어나 제3의 개혁에 기여할 것인가? 다시 말하지만, 이 각성은 아직 일어나지 않았다. 그래서 그 동안 우리는 미국을 위해 기도해야 한다!

각성에 대한 단어 공부

역사에서 사용된 각성이란 용어는, 성경에서 비유적으로 암시되어 있다. 신약에는 "각성하다"라는 단어로 번역될 수 있는 여러 가지 그리스어 단어들이 있다. 가장 흔히 사용되는 두 개의 단어들은 다음과 같다.

- egrio "일어나다" 또는 "일어서다"로 번역된다.
- gregoreo "주시하다"로 번역된다.

이 단어들은 제자들이 예수님을 배에서 깨웠을 때(마태복음 8:27)와 예수님이 산에서 제자들을 깨웠을 때(누가복음 9:32), 또는 천사들이 감옥에 있는 베드로를 깨웠을 때(사도행전 12:7)와 같은 문자적 의미일 수 있다. 그것은 또한 비유적인 의미로, 도덕적으로 알거나 영적으로 경계하는 것일 수 있다(로마서 13:11, 고린도전서 15:34, 에베소서 5:14). 더욱이, 죽음을 의미하는 완곡한 어법으로 '잠들다'가 사용된 것 같이, "각성"은 '다시 살아나다'로 자주 사용되기도 한다(요한복음 11:11, 데살로니가전서 5:10).

구약에서 "각성하다"는 비슷한 의미를 가진다. 히브리어 oor과 yawkets은 단순히 깨어나다를 의미한다. 이 단어들은 koots의 변형어로, '갑자기 깨어나다'를 의미한다. 이러한 단어들은 이야기에서 문자적으로 사용되거나 시편과 잠언, 아가서와 많은 예언서들에서 비유적으로 사용된다.

역사적으로 우리가 각성에 대해 알고 있는 의미에 가장 가까운 히브리어는 "shaqad"로, 시편에서 사용되었다. "여호와께서 집을 세우지 아니하시면 세우는 자의 수고가 헛되며 여호와께서 성을 지키지 아니하시면 파수꾼의 깨어 있음이 헛되도다"(시편 127:1). "shaqad"는 '잠을 자지 않는 것'과 같은 '경계하다'의 의미이다. 그러므로 '좋건 나쁘건 항상 경계하다'라는 의미이며, '서두르다, 남다, 깨다, 주시하다'(Strong 사전)의 의미이다.

이러한 각성의 예언적 감각을 예레미야서 첫 장에서 발견할 수 있는데, 이것은 성경에서 가장 분명하고 강력한 예언적 부르심의 내용이다.

> "내가 너를 모태에 짓기 전에 너를 알았고 네가 배에서 나오기 전에 너를 성별하였고 너를 여러 나라의 선지자로 세웠노라 하시기로 내가 이르되 슬프도소이다 주 여호와여 보소서 나는 아이라 말할 줄을 알지 못하나이다 하니 여호와께서 내게 이르시되 너는 아이라 말하지 말고 내가 너를 누구에게 보내든지 너는 가며 내가 네게 무엇을 명령하든지 너는 말할지니라 너는 그들 때문에 두려워하지 말라 내가 너와 함께 하여 너를 구원하리라 나 여호와의 말이니라 하시고 여호와께서 그의 손을 내밀어 내 입에 대시며 여호와께서 내게 이르시되 보라 내가 내 말을 네 입에 두었노라 보라 내가 오늘 너를 여러 나라와 여러 왕국 위에 세워 네가 그것들을 뽑고 파괴하며 파멸하고 넘어뜨리며 건설하고 심게 하였느니라 하시니라" _ 예레미야 1:5-10

　　일반적으로, 우리는 10절에서 멈춘다. 그렇지만 예레미야의 부르심은 1장의 나머지 부분을 통해 계속된다. 각성에 대한 성경 공부를 하면서, 나는 특별히 11-12절에 끌렸다.

> "여호와의 말씀이 또 내게 임하니라 이르시되 예레미야야
> 네가 무엇을 보느냐 하시매 내가 대답하되 내가 살구나무
> (아몬드나무) 가지를 보나이다 여호와께서 내게 이르시되 네
> 가 잘 보았도다 이는 내가 내 말을 지켜 그대로 이루려 함
> 이라 하시니라"_ 예레미야 1:11-12

12절에서 주님이 예레미야에게 "내가 내 말을 지켜 그대로
이루려 함이라(이룰 준비가 되어 있다)"고 말씀하신 것에 주목하라.
이 구절에서 "준비가 되다"라는 단어는 히브리어로 shaqad이
다. 그러므로 이 구절은 다음과 같이 번역될 수 있다. "내가 나
의 말을 이루도록(주시하고, 행하고, 깨어난다)."

예레미야의 부르심이 나라들을 향한 것이고, 그의 메시지
가 근본적으로 이스라엘 나라로 하여금 하나님의 길을 따르
도록 깨우는 것이고, 각성이란 단어가 나라들과 왕국에 적용
되기 때문에, 이 구절은 각성에 대한 우리의 이해를 돕기 위해
중요하다.

12절이 하나님의 말씀을 성취하기 위한 각성에 중요하다면,
그렇다면 11절의 의미는 무엇인가? 왜 하나님이 예레미야에게

"살구나무(아몬드나무) 가지"를 보이시는가? 히브리어로 살구나무 (아몬드나무)는 shaqed이며, 그 단어의 근원은 각성 또는 shaqad 의 의미이다. 히브리어로 살구나무(아몬드나무)는 문자적으로 '깨우는 것"이란 의미이다. New Unger 성경 사전에는 더 자세한 내용이 나와 있다.

> 히브리어로 shaqed인 살구나무(아몬드나무)는 "깨우는 것" 이다. 그 꽃은 잎이 나오기 전인 1월이나 2월 초에 피는데, 꽃이 만개하는 모습이 매우 인상적이다. 개화되면 엷은 분 홍색이지만, 일반적으로는 흰색이다. 열매는 두 단계로 먹 는데, 첫 단계는 부드럽고 약간은 시고 익지 않은 상태로 사각사각할 때 먹는 것이고, 그 다음에는 우리가 아몬드라 고 부르는 씨를 먹는 단계이다. 이 나무는 창세기 43장 11 절에서 야곱이 아들들에게 이집트로 가지고 가라는 소산 물을 말했을 때 언급되었다. "이 땅의 아름다운 소산을 그 릇에 담아가지고 내려가서… 감복숭아(아몬드)이니라"

살구나무(아몬드나무)는 각성을 의미하는데, 특히 봄으로의 깨 어남 또는 생명의 새로운 계절을 의미한다. 그러므로 하나님이 예레미야에게 살구나무(아몬드나무) 가지를 보여주심으로, 하나님의 다음 말씀인 "나는 나의 말을 이루도록 깨어나고 있다"라고 말씀하시는 것이다. 살구나무(아몬드나무)는 중요한 계절의 변화를 선포하는 것이었기에, 예레미야에게 분명한 상징이 되었을 것이다.

그리고 하나님은 오늘날에도 그러하시다.

살구나무(아몬드나무) 기쁨

예레미야서에서 살구나무(아몬드나무)를 발견한 이후, 나는 더 많은 "아몬드" 이야기들을 찾기 시작하였고, 민수기 16장에서 모세와 아론을 거역한 고라의 반역을 발견하게 되었다. 이 이야기가 익숙하지 않은 분들을 위해, 다음에 이 이야기를 간단하게 언급해보겠다.

무모하게도, 고라가 아론의 리더십에 대적하여 이스라엘 백성을 반역으로 이끌다가, 결국은 사막에 고립되며 절정에 이른다. 반란의 정점에서 양쪽이 서로 거리를 두고 갈라선다. 아론의 사람들이 한쪽에 서고 고라의 사람들은 다른 쪽에 서면서, 땅이 갈라져 고라를 따르는 모든 무리들을 산 채로 삼켜버린다.

하나님은 극단적인 편견으로 이 상황에 대한 하나님의 관점을 분명하게 보여주신다. 그런데도, 기가 꺾이지 않은 이스라엘 자손들은 다음 날 일어나서 모세와 아론을 원망하며 "당신이 하나님의 백성을 죽였다"고 원망한다. 그 때 하나님의 분노가 나타난다. 그들이 머무는 진영에 역병이 시작되어, 산 자와 죽은 자 사이에 서 있는 아론이 향로를 들고 재앙을 멈추게 하기까지 14,000 여명이 죽었다.

이 일이 진정되면서, 하나님은 자비하심 가운데 아론과 그의 후손들을 앞에 세우시고, 하나님의 백성이 하나님과 어떻게 관계해야 하는 지에 대한 새로운 질서를 이루신다.

"여호와께서 모세에게 말씀하여 이르시되 너는 이스라엘 자손에게 말하여 그들 중에서 각 조상의 가문을 따라 지팡이 하나씩을 취하되 곧 그들의 조상의 가문대로 그 모든 지휘관에게서 지팡이 열둘을 취하고 그 사람들의 이름을 각각 그 지팡이에 쓰되 레위의 지팡이에는 아론의 이름을 쓰라 이는 그들의 조상의 가문의 각 수령이 지팡이 하나씩 있어야 할 것임이니라 그 지팡이를 회막 안에서 내가 너희와 만나는 곳인 증거궤 앞에 두라 내가 택한 자의 지팡이에는 싹이 나리니 이것으로 이스라엘 자손이 너희에게 대하여 원망하는 말을 내 앞에서 그치게 하리라 모세가 이스라엘 자손에게 말하매 그들의 지휘관들이 각 지파대로 지팡이 하나씩을 그에게 주었으니 그 지팡이가 모두 열둘이라 그 중에 아론의 지팡이가 있었더라 모세가 그 지팡이들을 증거의 장막 안 여호와 앞에 두었더라 이튿날 모세가 증거의 장막에 들어가 본즉 레위 집을 위하여 낸 아론의 지팡이에 움이 돋고 순이 나고 꽃이 피어서 살구 열매가 열렸더라"_ 민수기 17:1-13

아론의 지팡이에 하나님이 말씀하신 대로 꽃이 피었는데, 어떻게 꽃이 피었는지 주목하라. 그것에 움이 돋고 순이 나서 꽃이 피어 살구나무 열매(아몬드)가 열렸다. 살구나무(아몬드나무)는 "깨우는 것"이다. 그것은 새로운 계절을 의미한다.

이 기적의 효과는 즉각적이며 심오하다.

"여호와께서 아론에게 이르시되 너와 네 아들들과 네 조상의 가문은 성소에 대한 죄를 함께 담당할 것이요 너와 네 아들들은 너희의 제사장 직분에 대한 죄를 함께 담당할 것이니라 너는 네 형제 레위 지파 곧 네 조상의 지파를 데려다가 너와 함께 있게 하여 너와 네 아들들이 증거의 장막 앞에 있을 때 그들이 너를 돕게 하라 레위인은 네 직무와 장막의 모든 직무를 지키려니와 성소의 기구와 제단에는 가까이 하지 못하리니 두렵건대 그들과 너희가 죽을까 하노라 레위인은 너와 합동하여 장막의 모든 일과 회막의 직무를 다할 것이요 다른 사람은 너희에게 가까이 하지 못할 것이니라 이와 같이 너희는 성소의 직무와 제단의 직무를 다하라 그리하면 여호와의 진노가 다시는 이스라엘 자손에게 미치지 아니하리라 보라 내가 이스라엘 자손 중에서 너희의 형제 레위인을 택하여 내게 돌리고 너희에게 선물로 주어 회막의 일을 하게 하였나니 너와 네 아들들은 제단과 휘장 안의 모든 일에 대하여 제사장의 직분을 지켜 섬기라 내가 제사장의 직분을 너희에게 선물로 주었은즉 거기 가까이 하는 외인은 죽임을 당할지니라 여호와께서 또 아론에게 이르시되 보라 내가 내 거제물 곧 이스라엘 자손이 거룩하게 한 모든 헌물을 네가 주관하게 하고 네가 기름 부음을 받았음으로 말미암아 그것을 너와 네 아들들에게 영구한 몫의 음식으로 주노라" _ 민수기 18:1-8

이제 모든 것이 하나님과 그 백성 사이에서 바뀌었다. 살구나무(아몬드나무)에 꽃이 피는 것을 시작으로 각성이 그 관계를 변혁하였다. 이스라엘 자손들은 이제 제사장직과 레위인들 특히 아론을 통해 하나님과 관계하게 된다. 이러한 제도는 새로운 각성인 새 언약을 예수님이 가져오기까지 지속될 것이었다.

계몽운동

이스라엘 사람들은 아론의 지팡이에 살구나무(아몬드나무) 꽃이 핀 것을 보고 놀라지 말았어야 했다. 하나님께서는 금 촛대의 도안을 주셨을 때부터 성전 안의 살구나무(아몬드나무)에 꽃이 피는 것을 벌써 선택하셨었다. New Unger 성경 사전을 보면 다음과 같다.

> 금 촛대(히브리어 menora)는 지성소의 왼쪽에 서 있었는데, 그것은 진설병의 반대쪽이었다(출애굽기 40:24). 그 구조물은 상세하게 묘사되어 있다(출애굽기 25:31-40; 출애굽기 37:17-24). 그것의 재료는 순금이었다. 가운데 줄기와 6개의 가지는 7개의 등불이 놓여질 수 있는 구멍으로 마무리되었다. 촛대의 장식은 위에서부터 가늘어지는 아몬드 형태의 "꽃받침"(히브리어 gabia) 모양으로 구성되었다. 그 위에는 기둥 받침과 같은 둥근 형태의 "구근"(히브리어 kaptor)이 가지가 교차되는 아래에 있었다(출애굽기 25:35). 이 모든 것 위에 만개할 준비가 된 봉오리 같은 "꽃"(히브리어 perah, 문자적으로 "만개

하다"라는 의미)이 있었다. 살구나무(아몬드나무)가 만개한 것 같은 꽃받침은 한쪽은 타원형으로, 그리고 다른 쪽은 금 촛대의 가지를 위해 선택된 형태로 둥글게 피었다.

성막의 지성소에는 모든 자연적인 빛이 차단되었다. 금 촛 대만이 빛을 내는 유일한 기구였다. 그것이 살구나무(아몬드나 무) 가지의 형태로 꽃을 피웠는데, 그것은 하나님의 빛이 우리 로 하여금 하나님의 목적과 예배로 깨어나게 한다는 의미를 가진다.

출애굽기 시대에 빛은 중요한 요소였다.

"그 동안은 사람들이 서로 볼 수 없으며 자기 처소에서 일 어나는 자가 없으되 온 이스라엘 자손들이 거주하는 곳에 는 빛이 있었더라"_ 출애굽기 10:23

"여호와께서 그들 앞에서 가시며 낮에는 구름 기둥으로 그들의 길을 인도하시고 밤에는 불 기둥을 그들에게 비추 사 낮이나 밤이나 진행하게 하시니"_ 출애굽기 13:21

"애굽 진과 이스라엘 진 사이에 이르러 서니 저쪽에는 구

름과 흑암이 있고 이쪽에는 밤이 밝으므로 밤새도록 저쪽
이 이쪽에 가까이 못하였더라" _ 출애굽기 14:20

하나님께서는 성전의 다른 어떤 기구들보다 촛대에 대해 더
구체적인 지시를 하신다. 물론 이러한 지시 사항들이 성막을
지키는 자들인 제사장들로서의 아론과 그의 후손들에게 주어
진 것이긴 하다.

"등잔 일곱을 만들어 그 위에 두어 앞을 비추게 하며"

_ 출애굽기 25:37

"아론에게 말하여 이르라 등불을 켤 때에는 일곱 등잔을
등잔대 앞으로 비추게 할지니라 하시매" _ 민수기 8:2

성막에 가져왔던 중요한 제물의 한 부분이 촛대를 위한 것이
다.

"너는 또 이스라엘 자손에게 명령하여 감람으로 짠 순수
한 기름을 등불을 위하여 네게로 가져오게 하고 끊이지 않
게 등불을 켜되" _ 출애굽기 27:20

"등유와 관유에 드는 향료와 분향할 향을 만들 향품과"

_ 출애굽기 25:6

"또 상을 들여놓고 그 위에 물품을 진설하고 등잔대를 들여놓아 불을 켜고"_ 출애굽기 40:4

"이스라엘 자손에게 명령하여 불을 켜기 위하여 감람을 찧어낸 순결한 기름을 네게로 가져오게 하여 계속해서 등잔불을 켜 둘지며 아론은 회막안 증거궤 휘장 밖에서 저녁부터 아침까지 여호와 앞에 항상 등잔불을 정리할지니 이는 너희 대대로 지킬 영원한 규례라"_ 레위기 24:2-3

"제사장 아론의 아들 엘르아살이 맡을 것은 등유와 태우는 향과 항상 드리는 소제물과 관유이며 또 장막 전체와 그 중에 있는 모든 것과 성소와 그 모든 기구니라"

_ 민수기 4:16

하나님은 빛이시다

하나님이 성막의 촛대를 중요시 한다는 것은 그리 놀랄 일이 아니다. 성경 전체를 통해, 하나님은 빛과 동일시 된다. 창세기에서 하나님이 행하신 첫 번째 일을 보도록 하자.

> "하나님이 이르시되 빛이 있으라 하시니 빛이 있었고"
>
> _ 창세기 1:3

하나님은 빛이시거나 빛을 주시는 분으로 묘사된다.

> "주께서 나의 등불을 켜심이여 여호와 내 하나님이 내 흑암을 밝히시리이다" _ 시편 18:28

> "우리가 그에게서 듣고 너희에게 전하는 소식은 이것이니 곧 하나님은 빛이시라 그에게는 어둠이 조금도 없으시다는 것이니라" _ 요한일서 1:5

> "그 중에 이 세상의 신이 믿지 아니하는 자들의 마음을 혼미하게 하여 그리스도의 영광의 복음의 광채가 비치지 못하게 함이니 그리스도는 하나님의 형상이니라 우리는 우리를 전파하는 것이 아니라 오직 그리스도 예수의 주 되신 것과 또 예수를 위하여 우리가 너희의 종 된 것을 전파함

이라 어두운 데에 빛이 비치라 말씀하셨던 그 하나님께서 예수 그리스도의 얼굴에 있는 하나님의 영광을 아는 빛을 우리 마음에 비추셨느니라" _ 고린도후서 4:4-6

신약에서의 촛대

신약은 하나님이 성전에 거하지 않는다고 말한다. 그대신, 우리가 교회로서, 살아계신 하나님의 성전이라고 한다.

"하나님의 성전과 우상이 어찌 일치가 되리요 우리는 살아 계신 하나님의 성전이라 이와 같이 하나님께서 이르시되 내가 그들 가운데 거하며 두루 행하여 나는 그들의 하나님이 되고 그들은 나의 백성이 되리라" _ 고린도후서 6:16

그럼에도 불구하고, 구약에서의 성전 기구와 관습의 의미는 오늘날에도 중요하며, 금 촛대는 더할 나위 없다. 요한계시록에서 교회들을 금 촛대로 부르고 있다.

"몸을 돌이켜 나에게 말한 음성을 알아 보려고 돌이킬 때에 일곱 금 촛대를 보았는데 촛대 사이에 인자 같은 이가 발에

끌리는 옷을 입고 가슴에 금띠를 띠고”_ 요한계시록 1:12-13

“네가 본 것은 내 오른손의 일곱 별의 비밀과 또 일곱 금
촛대라 일곱 별은 일곱 교회의 사자요 일곱 촛대는 일곱
교회니라”_ 요한계시록 1:20

각각의 교회가 금 촛대로 묘사되며, 예수님은 각각의 촛대에
살구나무(아몬드나무)의 꽃이 만개하도록 불을 붙이기 위해 오신
대제사장이시다. 촛대의 목적은 빛을 가지고 보이기 위한 것이
다. 촛대를 가지고 있으면서 어두운 상황에 빛을 가져오는데
사용하지 않는다면 어리석은 것이다.

“누구든지 등불을 켜서 그릇으로 덮거나 평상 아래에 두
지 아니하고 등경 위에 두나니 이는 들어가는 자들로 그
빛을 보게 하려 함이라 숨은 것이 장차 드러나지 아니할
것이 없고 감추인 것이 장차 알려지고 나타나지 않을 것이
없느니라”_ 누가복음 8:16-17

“누구든지 등불을 켜서 움 속에나 말 아래에 두지 아니하
고 등경 위에 두나니 이는 들어가는 자로 그 빛을 보게 하

려 함이라 네 몸의 등불은 눈이라 네 눈이 성하면 온 몸이 밝을 것이요 만일 나쁘면 네 몸도 어두우리라 그러므로 네 속에 있는 빛이 어둡지 아니한가 보라 네 온 몸이 밝아 조금도 어두운 데가 없으면 등불의 빛이 너를 비출 때와 같이 온전히 밝으리라 하시니라" _ 누가복음 11:33-36.

제사장과 성전의 모형을 따라, 신약에서 예수님은 우리에게 빛을 가져오는 대제사장이시다.

"예수께서 또 말씀하여 이르시되 나는 세상의 빛이니 나를 따르는 자는 어둠에 다니지 아니하고 생명의 빛을 얻으리라" _ 요한복음 8:12

"내가 세상에 있는 동안에는 세상의 빛이로라" _ 요한복음 9:5

예수님이 자신이 "세상의 빛"이라고 동일시하는 흥미로운 말씀에 주목하라. 그분은 "내가 세상에 있는 동안에는"이라고 말씀하신다. 물론, 우리는 예수님이 더 이상 "세상 안에" 계시지 않다는 것을 안다. 대신 그분은 "아버지의 오른편에 앉아" 계신다(누가복음 22:69). 그렇다면 세상에는 더 이상 빛이 없다는 것을 의미하는가? 물론 아니다. 우리가 그 빛이다!

> "너희는 세상의 소금이니 소금이 만일 그 맛을 잃으면 무
> 엇으로 짜게 하리요 후에는 아무 쓸 데 없어 다만 밖에 버
> 려져 사람에게 밟힐 뿐이니라 너희는 세상의 빛이라 산 위
> 에 있는 동네가 숨겨지지 못할 것이요 사람이 등불을 켜서
> 말 아래에 두지 아니하고 등경 위에 두나니 이러므로 집
> 안 모든 사람에게 비치느니라 이같이 너희 빛이 사람 앞에
> 비치게 하여 그들로 너희 착한 행실을 보고 하늘에 계신
> 너희 아버지께 영광을 돌리게 하라" _ 마태복음 5:13-16

이 말씀은 하나님의 빛이 선한 일과 직접적으로 연결되는 것
을 말해준다. 그것은 이전에 언급하였던 자연적인 것과 영적인
것이 병행하는 것과 같다. 대부분의 그리스도인들이 신실하게
하나님을 영화롭게 하기를 원하지만, 그렇게 하기 위해 그들은
기도와 찬양, 그리고 하나님 말씀에 대한 묵상과 같은 영적인
수단만을 선택한다. 위의 성경 말씀은 이 방향을 수정한다. 당
신은 하늘의 아버지를 영광스럽게 해드리고 싶은가? 그렇다면
주님의 빛을 통해 선한 일을 하라. 변화를 일으키기 위해 당신
의 빛을 사용하라.

우리는 그리스도의 몸이요, 하나님의 성전이다. 그러므로, 우리는 세상의 빛이다.

> "너희는 그리스도의 몸이요 지체의 각 부분이라"
>
> _ 고린도전서 12:27

빛은 각성이다

빛은 자연적인 각성의 자질을 가지고 있다. 우리의 몸은 빛에 반응하는 24시간 주기의 리듬으로 만들어졌다. 잠꾸러기를 깨우는 가장 쉬운 방법은 불을 켜는 것이다. 물론, 이것이 그들을 화나게 하는 가장 쉬운 방법이기도 하다. (어둠을 사랑하는 사람도 있기는 하다.) 어떠하든 우리의 영은 하나님의 빛에 반응한다.

교회는 촛대이다. 우리가 빛이다! 당신의 세계에 불을 밝혀라! 생명의 빛을 비추어 하나님의 생명으로 사람들을 깨우라.

> "그러나 책망을 받는 모든 것은 빛으로 말미암아 드러나나니 드러나는 것마다 빛이니라 그러므로 이르시기를 잠자는 자여 깨어서 죽은 자들 가운데서 일어나라 그리스도께서 너에게 비추이시리라 하셨느니라" _ 에베소서 5:13-14

그리스도께서 우리에게 주신 빛을 일깨우라. 어둠이 있는 곳마다 비추어라. 사람들을 어둠에서 이끌어내라. 이 세상의 왕들을 빛으로 깨우라.

"일어나라 빛을 발하라 이는 네 빛이 이르렀고 여호와의 영광이 네 위에 임하였음이니라 보라 어둠이 땅을 덮을 것이며 캄캄함이 만민을 가리려니와 오직 여호와께서 네 위에 임하실 것이며 그의 영광이 네 위에 나타나리니 나라들은 네 빛으로, 왕들은 비치는 네 광명으로 나아오리라" _ 이사야 60:1-3

우리가 세상을 깨우는 빛이다. 일단 깨어나면, 그것이 세상을 변혁한다.

하나님 왕국
변혁

제3의 개혁은 우리에게 달려 있다. 하나님 왕국을 세우기 위해
교회가 하나님 음성을 듣는 것의 중요성을 알게 되면서, 교회
는 능력과 효과 면에서 성장하고 있다. 교회는 문화에 영향을
미치기 위한 세상의 빛으로 부르심 받았다. 요한계시록을 보면
다음과 같은 구절이 있다.

> "일곱째 천사가 나팔을 불매 하늘에 큰 음성들이 나서 이
> 르되 세상 나라가 우리 주와 그의 그리스도의 나라가 되어
> 그가 세세토록 왕 노릇 하시리로다!" _ 요한계시록 11:15

그렇다. 제3의 개혁은 하나님 왕국을 이 땅에 세운다. 그렇

다면 이 개혁은 어떤 모습일 것인가? 이 개혁이 어떻게 사람들의 삶과 공동체와 문화와 나라를 바꿀 것인가? 다가오는 미래에 우리는 무엇을 기대할 수 있는가? 그리고 우리 개개인의 역할은 무엇인가?

미래를 이해하기 위해, 우리는 과거를 잘 살펴야만 한다.

약간 학자의 열정을 취하자면, 구약에서의 마지막 이야기들은 하나님 왕국 개혁의 멋진 예들이다. 물론, 모든 하나님의 운행하심은 그 자체로 역동성이 있다. 그래도, 과거의 하나님의 운행하심을 공부하는 것은 우리로 하여금 미래에 무엇을 기대할 것인가를 보여줄 수 있다. 사실 구약에서의 바벨론 포로 후기의 이야기들과 처음 두 번의 개혁들과의 상관관계를 볼 수 있다면, 제3의 개혁에서도 이러한 상관관계가 계속될 것을 기대할 수 있을 것이다.

구약을 살펴보면서, 다음과 같은 상관관계를 발견하게 된다.

개혁	구약	신약
제1의 개혁	스룹바벨이 성전을 재건하다	예수님이 교회를 설립하다
제2의 개혁	에스라가 말씀으로 백성을 세우다	마틴 루터가 백성에게 하나님 말씀을 열어주다
제3의 개혁	느헤미야가 예루살렘 성벽을 재건하기 위해 백성을 이끌다	세상의 문화를 하나님 왕국으로 재건하기 위해 하나님이 백성을 이끌다

이제 구약에서 하나님 왕국의 회복과 변혁을 공부하면서, 우리는 먼저 구약이 연대기 순으로 정렬된 것이 아니라는 것을 알아야만 한다. 그렇기 때문에 예언적 소리와 역사적 문맥상의 상관관계를 볼 때, 이야기의 흐름을 따라가기가 어려울 수 있다. 아래의 표가 우리로 하여금 구약의 마지막 역사적 이야기들을 이해하고, 본래의 예언적 소리들이 이러한 이야기들과 일치하는 지 알도록 도와준다.

개혁	시간대	선지자
역대하	솔로몬에서 예루살렘 멸망까지	예레미야
다니엘	바벨론 포로기	에스겔
에스라 1-6장	스룹바벨이 예루살렘 귀환을 이끌다	학개, 스가랴
에스더	바벨론에서의 유대인들 이야기	
에스라 7-10	에스라가 예루살렘 귀환을 이끌다	
느헤미야	느헤미야가 예루살렘 귀환을 이끌다	말라기

이제 지도(또는 네비게이션 프로그램)가 손에 있으니, 위대한 하나님의 운행하심의 역사적 기록을 탐구해보기로 하자.

Ⅰ. 제1의 개혁 상관관계

왕국의 쇠퇴와 멸망

역대하에서 다윗 왕의 아들인 솔로몬의 통치는 이스라엘 당대 왕조의 끝을 알리는 시작이었다. 다윗이 왕국을 확장하였고, 그것은 크고 강력한 왕국이었고 또한 그러할 것이었다. 솔로몬은 평화롭고 번창한 왕국을 물려받아, 하나님을 위한 장엄한 성전을 짓는데 전력투구한다. 그러나 솔로몬은 왕위 계승자로서의 역할을 제대로 하지 못한다. 솔로몬이 죽은 이후, 내전이 일어나 왕국이 분열된다.

10지파는 이스라엘이라는 북왕국을 만들고, 그 왕들은 다윗의 후손이 아니다(열왕기하를 보라). 유다와 베냐민 족속은 유다라는 남왕국을 만든다(역대기하를 보라). 예루살렘은 유다에 있으며 유다의 왕들은 다윗의 후손들이다. 유다의 운명은 각각의 왕위 계승자들에 따라 심하게 좌우된다. 왕이 하나님을 따르면 왕국은 번성하고, 왕이 악하면 왕국은 고통을 받는다.

그 땅에는 많은 선지자들이 있었다. 엘리야, 엘리사 그리고 이사야와 예레미야이다. 그 외에 소 선지자들이 있었다. 오바댜, 요엘, 미가, 호세아, 요나, 아모스, 나훔, 스바냐, 하박국 등이었다.

유다에서 진정으로 경건하였던 마지막 왕은 요시야이다(역대하 34-35장). 요시야의 통치 기간에 예레미야가 예언적 사역으로 부르심을 받는다. 그러나 불행하게도 요시야는 전쟁에서 죽고, 이후 유다의 왕위 계승자들은 모두 경건하지 못하였다. 이 때가 바로 예레미야의 사역이 가장 활발한 때였지만, 유다의 백성들은 하나님의 음성을 듣지 않았고, 바벨론에게 패배하고 만다. 바벨론은 자신들의 지배하에 유다 왕의 권력을 유지하도록 허락한다. 또한 귀족 가문으로부터 젊은 인질들을 뽑아 바벨론에서 교육을 받게 하는데, 그 중 가장 눈에 띄는 사람이 다니엘이다.

악한 통치자들이 계속되면서, 유다의 시드기야 왕이 하나님께 반항하여, 예레미야의 말을 거절하고, 바벨론의 통치에 반역을 한다. 그는 처음 두 번은 잠시 동안 교묘히 잘 빠져나갔다. 그러나 그의 세 번째 반란은 보복을 불러왔다. 느부갓네살 왕이 반란을 관찰하다가 예루살렘(솔로몬의 성전 포함)을 멸망시키기 위해 돌아와, 살아 남은 자들을 바벨론 포로로 끌어 가고, 극도의 적대감으로 그 반역을 종식시킨다.

포로기의 왕국

그러나 모든 것을 잃은 것은 아니다. 역대하에 나오는 예루살렘 멸망은 예레미야로 하여금 예언을 하게 했고 그 예언은 성취를 이루게 된다. 이 때에, 에스겔은 포로 생활 중에 있는 유대인들에게 예언적 사역을 시작한다. 그 동안, 바벨론에서의 이야기는 다니엘에 의해 전해진다.

다니엘은 바벨론에서 놀라운 위치를 차지하게 된다. 먼저, 그는 느부갓네살 왕의 중요한 고문이 된다. 그리고 그는 느부갓네살 왕에서 벨사살 왕으로의 왕위 계승의 어려운 시기에도 살아 남는다. 결국, 그는 고레스 대왕의 궁정으로까지 나아간다.

다리우스의 통치 기간 동안, 다니엘은 유대인들이 70년이 지나면 포로 생활에서 귀환한다는 예레미야의 예언을 기억하고 그것의 성취를 이루기로 결심한다.

> "메대 족속 아하수에로의 아들 다리오가 갈대아 나라 왕으로 세움을 받던 첫 해 곧 그 통치 원년에 나 다니엘이 책을 통해 여호와께서 말씀으로 선지자 예레미야에게 알려주신 그 연수를 깨달았나니 곧 예루살렘의 황폐함이 칠십 년 만에 그치리라 하신 것이니라 내가 금식하며 베옷을 입고 재를 덮어쓰고 주 하나님께 기도하며 간구하기를 결심하고" _ 다니엘 9:1-3

"그러하온즉 우리 하나님이여 지금 주의 종의 기도와 간구를 들으시고 주를 위하여 주의 얼굴 빛을 주의 황폐한 성소에 비추시옵소서 나의 하나님이여 귀를 기울여 들으시며 눈을 떠서 우리의 황폐한 상황과 주의 이름으로 일컫는 성을 보옵소서 우리가 주 앞에 간구하옵는 것은 우리의 공의를 의지하여 하는 것이 아니요 주의 큰 긍휼을 의지하여 함이니이다 주여 들으소서 주여 용서하소서 주여 귀를 기울이시고 행하소서 지체하지 마옵소서 나의 하나님이여 주 자신을 위하여 하시옵소서 이는 주의 성과 주의 백성이 주의 이름으로 일컫는 바 됨이니이다" _ 다니엘 9:17-19

다니엘은 예언의 성취를 위해 기도하기 시작한다. 이것은 성경에 있는 가장 위대한 중보기도 중 하나이다. 이 기도에는 많은 놀라운 요소들이 있지만, 이 가르침에서 흥미로운 것은 다니엘이 그 백성이나 나라를 기억하며 기도하는 것이 아니라 예루살렘 성을 기억하며 기도하고 있다는 것이다.

예루살렘에 대한 강조점은 느헤미야서에서 다시 살펴볼 것이다.

왕의 귀환

이제 에스라가 이야기를 이어 받는다. 유대인들은 바벨론에 70년간 있었고, 고레스가 왕이 되었다. 예기치 않게도, 고레스는 하나님이 자신에게 예루살렘에 있는 성전을 지으라고 명령하셨다고 선포한다.

"바사 왕 고레스 원년에 여호와께서 예레미야의 입을 통하여 하신 말씀을 이루게 하시려고 바사 왕 고레스의 마음을 감동시키시매 그가 온 나라에 공포도 하고 조서도 내려 이르되 바사 왕 고레스는 말하노니 하늘의 하나님 여호와께서 세상 모든 나라를 내게 주셨고 나에게 명령하사 유다 예루살렘에 성전을 건축하라 하셨나니 이스라엘의 하나님은 참 신이시라 너희 중에 그의 백성 된 자는 다 유다 예루살렘으로 올라가서 이스라엘의 하나님 여호와의 성전을 건축하라 그는 예루살렘에 계신 하나님이시라 그 남아 있는 백성이 어느 곳에 머물러 살든지 그 곳 사람들이 마땅히 은과 금과 그 밖의 물건과 짐승으로 도와 주고 그 외에도 예루살렘에 세울 하나님의 성전을 위하여 예물을 기쁘게 드릴지니라 하였더라 이에 유다와 베냐민 족장들과 제사장들과 레위 사람들과 그 마음이 하나님께 감동을 받고 올라가서 예루살렘에 여호와의 성전을 건축하고자 하는 자가 다 일어나니 그 사면 사람들이 은 그릇과 금과 물품들과 짐승과 보물로 돕고 그 외에도 예물을 기쁘게 드렸더라 고레스 왕이 또 여호와의 성전 그릇을 꺼내니 옛적에 느부갓네살이 예루살렘에서 옮겨다가 자기 신들의 신당에 두었던 것이라 바사 왕 고레스가 창고지기 미드르닷에게 명령하여 그 그릇들을 꺼내어 세어서 유다 총독 세스바살에게 넘겨주니"_ 에스라 1:1-8

고레스는 유대인들이 예루살렘으로 돌아가 성전을 재건하도록 하나님의 음성에 반응한다. 고레스는 바벨론에 있는 유대인들이 이 일을 재정적으로 돕도록 허락한다. 그는 또한 느부갓네살이 가져갔던 모든 성전 그릇들도 돌려준다. 고레스는 "유다 총독인 세스바살"이 모든 일을 담당하도록 한다. 세스바살은 스룹바벨의 바벨론식 이름이다. 그는 고레스의 허락 하에 (B.C 537년) 바벨론 포로 생활로부터 귀환하는 유대인들의 총독이 된다(학개 1:14).

여기에서 의미심장한 것은, 첫 포로 귀환을 이끈 스룹바벨은 여호야긴 왕의 손자였다는 것이다. 그러므로 스룹바벨은 유다 왕조를 이을 합법적인 계승자였다. 그를 따라, B.C 536년에

50,000여명의 유대인들이 이스라엘로 돌아와 성전을 재건하기 시작한다(에스라 3:8-13).

물론, 어느 누구도 이것이 쉬웠을 것이라고 말하지는 않을 것이다. 예루살렘 지역에 있었던 권위자들은 성전 재건을 반대하였다. 그래서 고레스가 죽고 나자 그들은 새 왕인 아닥사스다Cambyses에게 이 일을 취소해 달라고 탄원한다. 성전 재건은 기초 공사가 끝난 직후 멈추었다(에스라 4:24). 다행히도, 16년이 지나서 새 왕인 다리우스가 즉위하였다. 다리우스 2년에 학개와 스가랴라는 두 명의 선지자들이 성전 재건을 재개하도록 촉구하는 예언을 하기 시작한다. 대제사장인 여호수아와 함께 스룹바벨이 이에 반응한다(에스라 5:1-2; 학개 1:12). 그 일은 다리우스에 의해 재승인되어 B.C 515년에 봄에 완성된다.

성전 재건을 인도한 것 외에, 스룹바벨은 성전에서의 제사장들과 레위인들의 기능을 회복한다(에스라 6:18).

제1의 개혁이 예시하는 것

스룹바벨과 예수님 사이에는 유사성이 많이 있다. 예수님이 다윗 왕좌의 후계자이셨던(이신) 것 같이, 스룹바벨도 다윗 왕좌의 후계자였다.

"그가 큰 자가 되고 지극히 높으신 이의 아들이라 일컬어질 것이요 주 하나님께서 그 조상 다윗의 왕위를 그에게 주시리니"_ 누가복음 1:32

"그러므로 이르기를 그가 위로 올라가실 때에 사로잡혔던 자들을 사로잡으시고 사람들에게 선물을 주셨다 하였도다"_ 에베소서 4:8

스룹바벨은 바벨론으로부터 50,000명의 포로들을 예루살렘으로 인도하였다. 그는 성전을 재건하기 위해 하늘에 계신 하나님의 권위를 가지고 왔다. 마찬가지로 예수님도 모든 믿는 자들 안에 하나님의 성전을 짓기 위해 오셔서 포로 된 자들을 이끄셨다.

"너희는 너희가 하나님의 성전인 것과 하나님의 성령이 너희 안에 계시는 것을 알지 못하느냐"_ 고린도전서 3:16

"또 내가 네게 이르노니 너는 베드로라 내가 이 반석 위에 내 교회를 세우리니 음부의 권세가 이기지 못하리라"

_ 마태복음 16:18

"예수께서 대답하여 이르시되 너희가 이 성전을 헐라 내가 사흘 동안에 일으키리라"_ 요한복음 2:19

"그러므로 이르기를 그가 위로 올라가실 때에 사로잡혔던 자들을 사로잡으시고 사람들에게 선물을 주셨다 하였도다"_ 에베소서 4:8

하나님이 어떻게 예배를 통해 그분의 임재를 세우심으로 그분의 왕국 개혁을 시작하는가를 주목하라. 성전은 하나님을 예배하는 장소이다. 그곳은 하나님이 거하시는 장소이며, 하나님은 그 백성의 찬양 속에 거하신다. 그러므로 개혁의 첫 요구조건은 주님과의 올바른 관계이다. 그러기 위해 성전이 제 자리에 세워져야 한다. 우리는 구약의 마지막 이야기들을 통해 이러한 패턴을 반복하여 보게 될 것이다. 몇 가지를 살펴보면서 그것이 나타내는 바를 알아가도록 하자.

II. 제2의 개혁 상관관계

제사장의 귀환

상황이 유대 문화의 회복을 향해 나아가고 있다. 성전이 재건되고 올바른 예배를 위해 제사장들과 레위인들이 회복된다. 그리고 에스라 6장 끝 부분과 에스라 7장 첫 부분 사이에는 57년의 시간적 차이가 있다. 이 시간대에 에스더의 이야기가 들어 있다. 히브리어로 아하수에로Xerxes 왕은 B.C 479년에 에스더를 왕비로 만든다. 우리는 에스더서에서 에스더와 그녀의 삼촌인 모르드개가 바벨론에서 영향력을 끼치는 자가 되어 기꺼이 하나님의 백성의 평안을 옹호하고 있었다는 것을 안다. 에스더와 모르드개의 영향력이 예루살렘에서의 일을 용이하게 했을 것이라고 추측해보는 것은 대단히 흥미롭다.

이 이야기는 에스라 7장에서 에스라가 이끈 유대인들의 두 번째 귀환으로 계속된다. 에스라는 바벨론에서 범상치 않은 사람이다. 첫째, 우리는 그가 대제사장인 아론의 후손인 것을 안다.

"이 일 후에 바사 왕 아닥사스다가 왕위에 있을 때에 에스라라 하는 자가 있으니라 그는 스라야의 아들이요 아사랴

의 손자요 힐기야의 증손이요 ⋯ 아비수아의 십삼대 손이
요 비느하스의 십사대 손이요 엘르아살의 십오대 손이요
대제사장 아론의 십육대 손이라" _ 에스라 7:1, 5

에스라는 바벨론에 살지만, 잘 알려진 학자이자, 하나님의
율법을 가르치는 자였다.

"이 에스라가 바벨론에서 올라왔으니 그는 이스라엘의 하
나님 여호와께서 주신 모세의 율법에 익숙한 학자로서 그
의 하나님 여호와의 도우심을 입음으로 왕에게 구하는 것
은 다 받는 자이더니" _ 에스라 7:6

다시 한번, 바벨론 왕인 아닥사스다는 에스라가 이끄는 유대
인들에게 예루살렘으로 돌아갈 것을 허락한다. 또한 왕은 예루
살렘에서의 일을 위해 재정과 물질과 일꾼을 제공하고 세금도
감면해 준다.
아마도 에스라의 가장 비범한 특징은 그의 "삶의 목적"일 것
이다.

"에스라가 여호와의 율법을 연구하여 준행하며 율례와 규

례를 이스라엘에게 가르치기로 결심하였었더라"

에스라의 모든 초점은 하나님의 백성에게 하나님의 말씀을 가르치는 데에 있다. 이 일을 이루기 위해 에스라는 성전에서 일할 사람들이 필요한데, 그가 그 조직을 구성할 때 레위인들이 빠져 있는 것을 알게 된다.

> "내가 무리를 아하와로 흐르는 강 가에 모으고 거기서 삼일 동안 장막에 머물며 백성과 제사장들을 살핀즉 그 중에 레위 자손이 한 사람도 없는지라" _ 에스라 8:15

그래서 에스라는 바벨론에 있는 레위 자손 중에서 사람들을 아주 많이 모집하고, 레위인들이 이에 반응한다.

> "우리 하나님의 선한 손의 도우심을 입고 그들이 이스라엘의 손자 레위의 아들 말리의 자손 중에서 한 명철한 사람을 데려오고 또 세레뱌와 그의 아들들과 형제 십팔 명과" _ 에스라 8:18

9장 하나님 왕국 변혁 167

그 결과로, 아닥사스다 왕 7년 째 되는 해에 이스라엘 자손 중 몇 사람들이 제사장들과 레위인들, 노래하는 자들과 문지기들 그리고 느디님 사람들과 함께 예루살렘으로 온다.

에스라가 예루살렘에 도착하였을 때, 그는 먼저 재정과 일꾼 면에서 성전이 잘 준비되어 있는지를 확인한다. 그 다음, 그는 사람들에게 하나님의 길을 가르치는 사명을 시작한다. 즉시 그는 사람들이 하나님의 길을 제대로 따르지 않는 것을 알게 되는데, 특히 우상숭배로 이끄는 이방인들과의 결혼 관계에서 그러하였다. 먼저 에스라는 백성을 위해 중보기도 한다(에스라 9:6-15). 그리고 그는 성전의 지도자들에게 개혁을 가져온다.

"이에 에스라가 일어나 제사장들과 레위 사람들과 온 이스라엘에게 이 말대로 행하기를 맹세하게 하매 무리가 맹세하는지라" _ 에스라 10:5

다음으로 그는 하나님의 율법을 가르치기 위해 사람들을 모아 그들의 관습을 개혁하도록 인도한다.

"유다와 베냐민 모든 사람들이 삼 일 내에 예루살렘에 모이니 때는 아홉째 달 이십일이라 무리가 하나님의 성전

앞 광장에 앉아서 이 일과 큰 비 때문에 떨고 있더니 제사
장 에스라가 일어나 그들에게 이르되 너희가 범죄하여 이
방 여자를 아내로 삼아 이스라엘의 죄를 더하게 하였으
니"_ 에스라 10:9-10

마지막으로, 에스라는 각 가정이 하나님의 말씀에 일치되도
록 도울 체계를 세운다.

"사로잡혔던 자들의 자손이 그대로 한지라 제사장 에스라
가 그 종족을 따라 각각 지명된 족장들 몇 사람을 선임하
고 열째 달 초하루에 앉아 그 일을 조사하여"_ 에스라 10:16

제2의 개혁이 예시하는 것

스룹바벨이 제1의 개혁의 예수님과 유사한 것 같이, 우리는
에스라와 제2의 개혁의 마틴 루터에게서 유사한 점을 발견하
게 된다. 에스라는 제사장이며 학자이고 선생이었다. 마틴 루
터 또한 제2의 개혁의 거의 모든 지도자들과 마찬가지로 사제
이고 학자이며 교수였다. 에스라는 성전 리더십의 관습들을 개
혁하였다. 마틴 루터도 결국 교회 리더십의 관습들을 개혁하였
다. 에스라의 사명은 하나님의 말씀을 이해하도록 사람들을 가

르쳐서 그들이 하나님과 올바른 관계를 맺도록 하는 것이었다. 마틴 루터의 주요 쟁점 또한 모든 믿는 자들이 하나님의 말씀에 대한 올바른 이해함을 가져서, 그들이 하나님과 개인적으로 올바른 관계를 가지도록 하는 것이었다.

사람들은 하나님과 그분의 규례와 길을 알아야만 한다.

III. 제3의 개혁 상관관계

성도들의 귀환

하나님 왕국 회복의 이야기는 에스라에서 끝나야 한다, 그렇지 않은가? 적어도 내가 가진 신학 지식과 훈련은 나로 하여금 그렇게 생각하도록 이끈다. 결국 성전은 재건되었고, 제대로 기능을 하고 있다. 사람들은 하나님의 길을 배웠고 그 길을 따르고 있다. 이 이상 더 무엇이 필요한가? 그렇지만 12년간의 성전에서의 예배와 제사장의 사역이 있은 후에, 우리는 느헤미야서에 나와 있는 구약의 최종적인 이야기에 다다르게 된다.

느헤미야는 바벨론 왕의 술 따르는 관원으로 일하는 사람이다. 그는 궁정에서 왕에게 직접 나아가는 중요한 위치를 가지고 있다. 전통적으로, 술 따르는 관원의 의무 중 하나는 문자 그

대로 왕을 독살하려는 것으로부터 지키는 것이다. 우리는 또한 느헤미야가 바벨론에서 부유하고 영향력 있는 사람이라는 것도 추측할 수 있다. 느헤미야는 스룹바벨 같이 왕의 후손도 아니고, 에스라 같이 제사장의 후손도 아니다. 그는 세속적인 환경에서 성공한 평범한 사람이다. 누군가는 그의 잔이 넘친다고 말할 수 있을 것이다.

1장에서, 느헤미야는 유다로부터 소식을 듣는다. 느헤미야의 형제가 장사에서 돌아와 보고를 한다. "그들이 내게 이르되 사로잡힘을 면하고 남아 있는 자들이 그 지방 거기에서 큰 환난을 당하고 능욕을 받으며 예루살렘 성은 허물어지고 성문들은 불탔다 하는지라."(3절)

느헤미야는 이 소식에 극적인 반응을 한다. "내가 이 말을 듣고 앉아서 울고 수일 동안 슬퍼하며 하늘의 하나님 앞에 금식하며 기도하여"(4절). 그리고 느헤미야는 5-11절에서 중보기도를 한다.

이 부분을 성경 공부하면서, 나는 느헤미야의 반응에 놀랐다. 성전이 회복되어 70년이 지났고, 에스라는 계속 그곳에서 하나님을 따르도록 백성들을 가르치며 인도하고 있다. 그런데 왜 느헤미야는 성벽과 문들이 허물어지고 불탄 것을 알고 그렇게 번민하는가? 나는 느헤미야를 이해해야 할 필요가 있었다.

또한 성벽과 문들이 무엇을 의미하며, 그것들이 허물어지고 불탄 것에 대한 소식이 왜 그렇게 큰 상처로 받아들여지는 지를 알아야 했다.

성문들

오래된 성들은 오늘날 우리가 "도시"라고 생각하는 도시라기보다는 요새와 같은 곳이다. 그 둘레는 사람과 동물들의 출입을 허용하고 제한하는 문들이 있는 커다란 돌벽으로 쌓여져 있다. 예루살렘에는 느헤미야 3장에 언급된 10개의 문들이 있다. 북쪽에서 시작하여 시계 반대 반향으로 양문, 어문, 옛문, 골짜기문, 분문, 샘문, 수문, 마문, 동문, 함밉갓 문이다.

다른 성경 구절들도 방어적 구조물의 목적을 넘어서는 성벽과 문들의 중요성을 분명하게 암시하고 있다. 구약에서 예를 들면 다음과 같다.

> "네 하나님 여호와께서 네게 주시는 각 성에서 네 지파를 따라 재판장들과 지도자들을 둘 것이요 그들은 공의로 백성을 재판할 것이니라' _ 신명기 16:18

> "성문에 있는 모든 백성과 장로들이 이르되 우리가 증인

이 되나니"_ 룻기 4:11

구약의 이러한 이야기들은 "성문에 있는 장로들"을 언급하고
있다. 장로들이 성문에 있는데, 성문이란 상업이 진행되고 법
적인 사건들이 판결되는 곳이기 때문이다. 신약에서는 다음과
같은 것을 보게 된다.

> "좁은 문으로 들어가라 멸망으로 인도하는 문은 크고 그
> 길이 넓어 그리로 들어가는 자가 많고"_ 마태복음 7:13

> "자기 두루마기를 빠는 자들은 복이 있으니 이는 그들이
> 생명나무에 나아가며 문들을 통하여 성에 들어갈 권세를
> 받으려 함이로다"_ 요한계시록 22:14

> "내가 이 반석 위에 내 교회를 세우리니 음부의 권세(문들)
> 가 이기지 못하리라"_ 마태복음 16:18

새 예루살렘에 대한 표현에서는 성벽과 문들이 매우 강조되
고 있다.

"크고 높은 성곽이 있고 열두 문이 있는데 문에 열두 천사
가 있고 그 문들 위에 이름을 썼으니 이스라엘 자손 열두
지파의 이름들이라 동쪽에 세 문, 북쪽에 세 문, 남쪽에 세
문, 서쪽에 세 문이니 그 성의 성곽에는 열두 기초석이 있
고 그 위에는 어린 양의 열두 사도의 열두 이름이 있더라"

_ 요한계시록 21:12-14

앞에서도 말했듯이, 고대 성들의 문들은 방어적인 구조물보
다 더한 의미가 있었다. 그곳은 상업과 통치의 장소였다. 한 도
시의 권세와 권위가 문들에 있었다. 우리는 자주 예루살렘 문
들의 이름을 영적으로 해석하지만, 원래 그 이름들은 실질적인
것이었다. 예를 들어, "어문"은 영혼을 구원하는 것에 관한 것
이 아니고, 물고기를 사고 파는 것에 관한 것이었다. "수문" 또
한 성령으로 충만한 것에 관한 것이 아니라, 그 도시의 물의 근
원으로 인도하는 것을 말한다.

방어적인 구조물로서의 성벽의 가치는 15세기 후반에 도시
를 무너뜨리기에 충분히 강력한 대포로 포위 공격이 시작되면
서 희미해졌다. 상거래와 법적인 일 처리를 위한 성벽과 문들
의 사용은 도시의 인구가 폭발적으로 늘어나 산업혁명을 일으
키게 된 18세기경 사라졌다. 그러나 이러한 현대적인 변화에도

불구하고, 성벽으로 둘러싸인 도시들은 새로운 도시의 중심지가 되어, 원래의 상업적, 법적 그리고 종교적 중요성을 유지하고 있다. 이러한 예를 현대화된 예루살렘의 옛 도시와 로마나 파리 또는 런던과 같은 도시들의 도심지에서 찾아볼 수 있다.

예를 들어보자. 미국의 도시들은 대부분 18세기 후반에 개발되어서 벽이 없이 세워졌다. 그러나 한 가지 주목할 만한 예외가 있다. 1652년 네덜란드인들이 허드슨 강과 이스트 강이 합류하는 지점 가까이에 벽을 만든 뉴암스테르담이라는 도시를 세웠다. 그 벽은 원주민들과 다른 식민지주의자들로부터의 공격을 방어하는 목적으로 지어졌지만, 또한 그 도시의 상업과 권위의 중심지가 되기도 하였다. 첫 교회와 첫 시청 그리고 첫 상업권이 이 벽을 따라 모두 세워졌다. 영국인들이 이 도시를 차지하여 그 이름을 뉴욕으로 바꾸었다. 그 벽은 1699년에 해체되었지만, 그 벽 주변의 거리는 남아 도시 안에서 그 중요성을 유지하고 있다. 오늘날 뉴욕에 있는 이 거리를 월스트리트라고 하며, 많은 사람들이 전 세계 상업의 중심지로 여기고 있는 거리이다.

이제 우리는 왜 느헤미야가 예루살렘 성벽과 문들이 파괴되었다는 소식을 듣고 그렇게 번민했는지를 더 잘 알게 되었을 것이다. 성벽과 문들이 없으면 도시는 생명이 없는 것이고, 상업이나 권위도 없는 것이다. 예수님이 "내가 이 반석 위에 내 교회를 세우리니 음부의 권세(문들)가 이기지 못하리라"(마태복음 16:18) 하셨을 때, 예수님은 이것을 알고 계셨다.

이제 나는 왜 느헤미야가 성벽과 문들을 재건하는 도시 변혁의 부르심을 받아들였는지를 이해하게 되었다. 마찬가지로, 개혁된 교회가 해야 하는 첫 임무는 문들에 관여하는 것이다. 문들이 능력과 권위를 나타내는 것이기에, 우리는 앞으로 나아가 선포하며 우리의 문화를 개혁해야 한다.

제3의 개혁이 예시하는 것

제3의 개혁과 병행하여, 문화를 개혁하는 데 있어 성공적인 방법에 관해 느헤미야로부터 많은 교훈을 받게 된다. 그 몇 가지를 살펴보도록 하자.

1. 도시를 향한 열정

느헤미야의 열정은 하나님이 의도하신 대로 그 도시가 진정한 기능을 회복하는 것을 보는 것이었다.

"왕께 대답하되 왕은 만세수를 하옵소서 내 조상들의 묘실이 있는 성읍이 이제까지 황폐하고 성문이 불탔사오니 내가 어찌 얼굴에 수심이 없사오리이까 하니 왕이 내게 이르시되 그러면 네가 무엇을 원하느냐 하시기로 내가 곧 하늘의 하나님께 묵도하고 왕에게 아뢰되 왕이 만일 좋게 여기시고 종이 왕의 목전에서 은혜를 얻었사오면 나를 유다 땅 나의 조상들의 묘실이 있는 성읍에 보내어 그 성을 건축하게 하옵소서 하였는데" _ 느헤미야 2:3-5

2. 다양한 사람들과의 협력

도시 재건을 위해 느헤미야는 다양한 종류의 사람들을 모집하는 것을 두려워하지 않았다. 사실, 그의 천재성은 모든 공동체로 하여금 관여하도록 하는 것이었다. 3장에서 우리는 성문들을 수리하는 일을 각각의 그룹들에게 나누어주는 것을 보게 된다. 현대적 언어로 표현해보면 다음과 같다.

느헤미야   3:1 - 제사장들

                     3:2 - 이웃의 공동체들

                     3:3 - 성 주민들

                     3:8 - 전문인들과 장인들

                     3:9 - 지역 정부

                     3:12 - 여자들

3:17 - 종교 단체들과 자선 단체들

3:22 - 다른 성전 일꾼들

3:23 - 지역 주민들

3:32 - 상인들

3. 원수와의 타협은 없다.

원수가 계속적으로 느헤미야와 일꾼들을 괴롭히고 공격하였다. 직접적인 협박이 제대로 되지 않자, 원수는 그를 연약한 위치로 몰고 가는 속임수를 썼다.

> "산발랏과 도비야와 아라비아 사람 게셈과 그 나머지 우리의 원수들이 내가 성벽을 건축하여 허물어진 틈을 남기지 아니하였다 함을 들었는데 그 때는 내가 아직 성문에 문짝을 달지 못한 때였더라 산발랏과 게셈이 내게 사람을 보내어 이르기를 오라 우리가 오노 평지 한 촌에서 서로 만나자 하니 실상은 나를 해하고자 함이었더라 내가 곧 그들에게 사자들을 보내어 이르기를 내가 이제 큰 역사를 하니 내려가지 못하겠노라 어찌하여 역사를 중지하게 하고 너희에게로 내려가겠느냐 하매" _ 느헤미야 6:1-3

다음으로, 원수들은 거짓으로 느헤미야를 고발하며 협박하려 하였다.

"산발랏이 다섯 번째는 그 종자의 손에 봉하지 않은 편지를 들려 내게 보냈는데 그 글에 이르기를 이방 중에도 소문이 있고 가스무도 말하기를 너와 유다 사람들이 모반하려 하여 성벽을 건축한다 하나니 네가 그 말과 같이 왕이 되려 하는도다 또 네가 선지자를 세워 예루살렘에서 너를 들어 선전하기를 유다에 왕이 있다 하게 하였으니 지금 이 말이 왕에게 들릴지라 그런즉 너는 이제 오라 함께 의논하자 하였기로 내가 사람을 보내어 그에게 이르기를 네가 말한 바 이런 일은 없는 일이요 네 마음에서 지어낸 것이라 하였나니 이는 그들이 다 우리를 두렵게 하고자 하여 말하기를 그들의 손이 피곤하여 역사를 중지하고 이루지 못하리라 함이라 이제 내 손을 힘있게 하옵소서 하였노라"

_ 느헤미야 6:5-9

마지막으로, 그들은 느헤미야로 하여금 타협하도록 하기 위해 속임수를 쓰고 종교적으로 조종을 했다.

"이 후에 므헤다벨의 손자 들라야의 아들 스마야가 두문 불출 하기로 내가 그 집에 가니 그가 이르기를 그들이 너를 죽이러 올 터이니 우리가 하나님의 전으로 가서 외소 안에 머물고 그 문을 닫자 저들이 반드시 밤에 와서 너를 죽이리라 하기로 내가 이르기를 나 같은 자가 어찌 도망하며 나 같은 몸이면 누가 외소에 들어가서 생명을 보존하겠느냐 나는 들어가지 않겠노라 하고 깨달은즉 그는 하나님께서 보내신 바가 아니라 도비야와 산발랏에게 뇌물을 받고 내게 이런 예언을 함이라 그들이 뇌물을 준 까닭은 나를 두렵게 하고 이렇게 함으로 범죄하게 하고 악한 말을 지어 나를 비방하려 함이었느니라" _ 느헤미야 6:10-13

느헤미야는 하나님께서 그에게 말씀하셨던 것을 항상 신뢰하며 원수와 절대로 타협하지 않았다.

4. 사람들을 준비시켜서 성벽을 세우고 싸우도록 한다.

성벽을 세우는 임무는 큰 일이었다. 그러므로 이 일에 대한 위협은 심각한 것이었다. 느헤미야는 모든 사람들이 성벽을 세우며 동시에 싸우는데 있어 준비되도록 만전을 다하였다.

"성을 건축하는 자와 짐을 나르는 자는 다 각각 한 손으로 일을 하며 한 손에는 병기를 잡았는데 건축하는 자는 각각 허리에 칼을 차고 건축하며 나팔 부는 자는 내 곁에 섰었느니라 내가 귀족들과 민장들과 남은 백성에게 이르기를 이 공사는 크고 넓으므로 우리가 성에서 떨어져 거리가 먼 즉 너희는 어디서든지 나팔 소리를 듣거든 그리로 모여서 우리에게로 나아오라 우리 하나님이 우리를 위하여 싸우시리라 하였느니라" _ 느헤미야 4:17-20

느헤미야가 백성들에게 세 가지를 제공하였음을 주목하라.

- 일할 도구들
- 싸울 무기들
- 들을 수 있는 나팔

첫 두 가지는 상식적인 것 같은데, 세 번째 것인 나팔은 생소하다. 적대적인 환경에서 성벽을 세우고 동시에 싸우기 위해 필요했던 물건들의 목록에서 듣는 것은 빠져 있다. 그러나 사실, 성벽을 세우며 전쟁하는 용사들은 무엇보다도 군대에서 부르는 소리를 듣고 반응할 수 있어야만 한다. 베드로가 드디어 하나님의 음성을 들은 것을 예수님께 보여드렸던 그 날, 그는 그 동산을 진동시킨 것이다. 그 이후로, 그는 예수님 밑에서 세우는 자가 되었다. "내가 이 반석 위에 내 교회를 세우리니…" (마태복음 16:18).

5. 성전을 후원하는 것에 흔들리지 마라.

우리는 느헤미야가 성벽과 문들을 재건함으로 도시를 개혁하는 데에 초점을 맞추었다는 것을 안다. 그렇지만 그는 지속적으로 제사장들과 레위인들을 포함한 성전을 후원하였다는 것도 알아야 한다. 우리는 그가 실제로 예루살렘 성의 지도자들에게 계약서에 서명을 하라고 요구하는 것을 보게 된다. "우리가 우리 하나님의 전을 버려 두지 아니하리라"(느헤미야 10:39).

느헤미야는 바벨론으로 돌아갔지만(13장), 말라기 선지자는 하나님을 향해 사람들이 해야 하는 의무를 상기시켜야만 했다. 결국, 느헤미야는 다시 개혁을 하기 위해 예루살렘으로 돌아왔는데, 그곳에서 자신이 발견하게 된 것에 충격을 받으며 부르짖었다. "하나님의 전이 어찌하여 버린 바 되었느냐?"(느헤미야 13:11). 그리고 그들은 비유적으로뿐만 아니라 문자 그대로 성전을 깨끗하게 하는 일을 해야 했다. 구약의 느헤미야 13장에서의 마지막 이야기와 말라기의 마지막 예언은 하나님의 전에 대한 올바른 반응에 초점이 맞추어져 있다.

제3의 개혁 요약

그렇다, 문화를 변혁하기 위해 우리는 제일 먼저 성도들을 준비시키는 모임인 성전을 후원해야 한다. 또한 우리는 손에 흙을 묻히는 것 외에 다른 방법으로는 연합할 수 없는 사람들과 함께, 청사진을 읽는 것에서부터 율법을 세우고 공동체의 행동으로 나아가기까지 모든 것에 있어서 우리의 기술들을 확장해 나가야 한다. 우리는 또한 하나님 왕국의 영향력 하에 권력과 통치의 중심지를 재건하기 위해 피할 수 없는 세속적이고 종교적인 위협을 다루는 법을 배워야만 한다.

제3의 개혁은 이 땅에 하나님 왕국을 세우는 절정이다. 하나님의 백성은 문화 안에 의로움과 정의를 세우는 성벽과 문들을 재건하기 위해 비전을 가져야 한다. 문화를 변혁하기 위해 우리는 느헤미야 같이 일해야 한다. 그럴 때에야 우리는 "세상 나라가 우리 주와 그의 그리스도의 나라가 되어 그가 세세토록 왕노릇 하시리로다"(요한계시록 11:15)라는 말씀을 듣게 될 것이다.

마지막 장에서 우리는 우리 앞에 놓인 이러한 놀라운 임무를 위한 구체적인 점들을 살펴보게 될 것이다.

10장

그렇다면 우리는
무엇을 해야 하는가?

이 세상의 왕국들이 하나님 왕국이 되는 것을 기대하기 전에 우리는 느헤미야가 했던 동일한 일을 하여 우리의 문화를 변혁해야 한다. 우리는 세상의 빛이 되어 세상의 왕들이 진정한 왕이신 그리스도의 영광을 알도록 일깨워야 한다. 개인의 삶과 문화를 변혁하는 우리의 권위는 하나님의 음성을 듣는 것에 근거를 둔다.

하나님의 음성이 변혁을 가져올 때

역사가 기록된 이후로, 하나님의 음성은 변혁을 위한 능력을 지녔다. "하나님이 이르시되 빛이 있으라 하시니 빛이 있었고"(창세기 1:3). 하나님이 "빛이 있으라" 말씀하셨을 때, 그분은 빛을 설명하신 것이 아니었다는 것을 주목하라. 그분은 빛을 창조하신 것이다!

역사를 통해, 하나님의 음성은 사람들을 바꾼다. 실수만 반복하는 사도가 하나님의 음성을 들었고, 그 음성이 그를 시몬(혼들리는 갈대)에서 베드로(단단한 반석)로 바꾸었다(마태복음 16:17-18). 살인적인 열성분자가 하나님의 음성을 들었고, 사울에서 바울로 변화되었다. 자녀가 없던 유목민이 하나님의 음성을 들었고, 아브람에서 아브라함으로 변화되었다.

오늘날에도 하나님은 우리에게 제3의 개혁에 대해 말씀하고 계신다. 변혁을 가져오는 하나님의 말씀에 반응하는 것이 우리의 책임이다. 하나님의 음성을 듣는 모든 자들은 독특한 자신들의 상황과 부르심과 믿음 안에서 구체적인 방법으로 반응해야 한다.

교회의 기능 면에 있어서 계속 진행중인 변화가 있다. 우리는 더 이상 그리스도의 재림을 기다리면서 단순히 잃어버린 영혼이 구원받고 성화되는 것에 만족하지 않는다. 그렇다! 우리는 이제 우리 주변의 세상에 변혁을 가져오는, 진정한 우리의 기능을 본다. 우리는 모든 문화에 하나님 왕국을 세워서, "세상 나라가 우리 주와 그의 그리스도의 나라가 되어 그가 세세토록 왕 노릇 하시리로다"(요한계시록 11:15)를 성취해야 한다.

하나님 왕국의 메시지는 우리가 어떻게 생각하고, 무엇을 행하며, 어떻게 실행하는 가를 바꾼다. 그것은 우리의 초점을 바꾸어서, 사역을 향한 우리의 목표와 목적을 바꾼다. 또한 그것은 우리로 하여금 새 포도주를 위한 새 가죽부대를 개발하도록 요구한다. 우리가 행했던 모든 것, 우리가 행하고 있는 모든 것 그리고 우리가 행할 모든 것은 철저한 변혁을 겪어야 한다. 현재의 하나님의 운행하심에 관여하기 위해서는, 새로운 가죽부대는 새로운 상태로 있어야만 한다.

우리가 믿음과 비전 안에서 하나됨을 이루게 될 때, 우리는 하나님이 우리 각자 안에 두신 다양한 부르심을 인식하게 된다. 하나님도 자신을 한 분이지만 다음의 세 가지 표현 중 하나로도 묘사하신다.

> "하늘에 증언하는 세 분이 계시니 곧 아버지와 말씀과 성령님이시라. 또 이 세 분은 하나이시니라"
>
> _ 요한일서 5:7(KJV 흠정역)

우리는 한 몸이다. 하나님께서 우리를 그분 안에서 한 정체성으로 만드셨다.

"이제 그의 거룩한 사도들과 선지자들에게 성령으로 나타
내신 것 같이 다른 세대에서는 사람의 아들들에게 알리지
아니하셨으니 이는 이방인들이 복음으로 말미암아 그리
스도 예수 안에서 함께 상속자가 되고 함께 지체가 되고
함께 약속에 참여하는 자가 됨이라"_ 에베소서 3:5-6

이 말씀들은 인간의 몸을 사용하여 그리스도의 몸을 표현하
고 있다. 현대 과학은 인간의 몸이 다양한 기능들을 가진 조직
과 기관의 상호 연결로 만들어져 있다고 우리에게 증명하고 있
다. 심장 혈관계, 호흡 기관계, 신경계, 피부 조직계, 근육 골격
계, 혈관계, 소화기관계, 내분비계, 비뇨기계, 생식기관계 등이
다. 각 부분은 전체의 몸이 잘 유지되도록 각각의 역할을 해야
한다.

"몸은 하나인데 많은 지체가 있고 몸의 지체가 많으나 한
몸임과 같이 그리스도도 그러하니라 우리가 유대인이나
헬라인이나 종이나 자유인이나 다 한 성령으로 세례를 받
아 한 몸이 되었고 또 다 한 성령을 마시게 하셨느니라 몸
은 한 지체뿐만 아니요 여럿이니 만일 발이 이르되 나는
손이 아니니 몸에 붙지 아니하였다 할지라도 이로써 몸에

붙지 아니한 것이 아니요 또 귀가 이르되 나는 눈이 아니
니 몸에 붙지 아니하였다 할지라도 이로써 몸에 붙지 아니
한 것이 아니니 만일 온 몸이 눈이면 듣는 곳은 어디며 온
몸이 듣는 곳이면 냄새 맡는 곳은 어디냐 그러나 이제 하
나님이 그 원하시는 대로 지체를 각각 몸에 두셨으니 만
일 다 한 지체뿐이면 몸은 어디냐 이제 지체는 많으나 몸
은 하나라 눈이 손더러 내가 너를 쓸 데가 없다 하거나 또
한 머리가 발더러 내가 너를 쓸 데가 없다 하지 못하리라
그뿐 아니라 더 약하게 보이는 몸의 지체가 도리어 요긴하
고 우리가 몸의 덜 귀히 여기는 그것들을 더욱 귀한 것들
로 입혀 주며 우리의 아름답지 못한 지체는 더욱 아름다운
것을 얻느니라 그런즉 우리의 아름다운 지체는 그럴 필요
가 없느니라 오직 하나님이 몸을 고르게 하여 부족한 지체
에게 귀중함을 더하사 몸 가운데서 분쟁이 없고 오직 여러
지체가 서로 같이 돌보게 하셨느니라 만일 한 지체가 고통
을 받으면 모든 지체가 함께 고통을 받고 한 지체가 영광
을 얻으면 모든 지체가 함께 즐거워하느니라 너희는 그리
스도의 몸이요 지체의 각 부분이라 하나님이 교회 중에 몇
을 세우셨으니 첫째는 사도요 둘째는 선지자요 셋째는 교
사요 그 다음은 능력을 행하는 자요 그 다음은 병 고치는

은사와 서로 돕는 것과 다스리는 것과 각종 방언을 말하는 것이라 다 사도이겠느냐 다 선지자이겠느냐 다 교사이겠느냐 다 능력을 행하는 자이겠느냐" _ 고린도전서 12:12-30

그리스도의 몸 안에서 이러한 다양성은 지역 교회들이 그들의 공동체를 어떻게 섬기느냐로 나타난다. 각 교회는 그들의 문화 안에서 하나님 왕국의 영향력을 발휘하는 각자의 방법을 찾아야 한다. 각 믿는 자들이 부르심 받은 산을 알아야 하는 것 같이, 각각의 그리스도의 몸은 그들이 성취할 임무를 알아야 한다. 하나님 왕국의 공통적인 비전은 우리의 다양한 은사들과 문화의 맥락을 통해서 독특하게 표현될 것이다.

다양성 안에서의 하나됨

우리는 다양하면서도 하나이다. 몸의 각 부분은 동일한 줄기 세포의 기반을 통해 동일한 DNA로 표현되며, 각 부분은 하나의 뇌에 의해 제어된다.

"그가 어떤 사람은 사도로, 어떤 사람은 선지자로, 어떤 사람은 복음 전하는 자로, 어떤 사람은 목사와 교사로 삼으셨으니 이는 성도를 온전하게 하여 봉사의 일을 하게 하며 그리스도의 몸을 세우려 하심이라 우리가 다 하나님의 아들을 믿는 것과 아는 일에 하나가 되어 온전한 사람을 이루어 그리스도의 장성한 분량이 충만한 데까지 이르리니 이는 우리가 이제부터 어린 아이가 되지 아니하여 사람의 속임수와 간사한 유혹에 빠져 온갖 교훈의 풍조에 밀려 요동하지 않게 하려 함이라 오직 사랑 안에서 참된 것을 하여 범사에 그에게까지 자랄지라 그는 머리니 곧 그리스도라 또는 참된 생활을 하여 그에게서 온 몸이 각 마디를 통하여 도움을 받음으로 연결되고 결합되어 각 지체의 분량대로 역사하여 그 몸을 자라게 하며 사랑 안에서 스스로 세우느니라"_ 에베소서 4:11-16

우리는 이 하나됨 안에서 우리의 다른 점을 수용해야 한다. 다양한 기관들이 서로 연결되어 있는 인간의 몸과 마찬가지로, 우리는 예수님에 의해 주어진 우리의 근본적이고 공통된 정체성을 분명하게 유지하면서. 다양한 기능의 장점을 수용해야 한다.

"예수께서 이르시되 네 마음을 다하고 목숨을 다하고 뜻

을 다하여 주 너의 하나님을 사랑하라 하셨으니 이것이 크
고 첫째 되는 계명이요 둘째도 그와 같으니 네 이웃을 네
자신 같이 사랑하라 하셨으니 이 두 계명이 온 율법과 선
지자의 강령이니라"_ 마태복음 22:37-40

　하나님의 사랑이 우리의 공통된 정체성이다. 우리의 이웃을
사랑하는 것이 다양성 안에서의 우리의 장점이다. 하나님 왕국
의 계시와 제3의 개혁에 당신이 어떻게 반응할 것인가가 그 안
에서의 당신의 역할을 결정짓는다. 회원권이 있다고 해서 엘리
트 클럽에 무조건 가입되는 것이 아니다. 동일한 하나님의 음
성을 듣는 믿는 자들이 자연적으로 연합할 때 그렇게 되는 것
이다.

나는 소리를 듣는다!

그렇다. 나는 듣는다. 물론 우리 모두가 소리를 듣는다. 우리를 둘러싸고 있는 자연적인 소리인 매체, 친구, 가족 또는 이웃들의 소리를 들을 뿐만 아니라, 또한 우리 내면의 소리를 듣는다. 우리 자신이 생각하는 것을 듣고, 우리에게는 예기치 않은 직관력이 있다는 것을 깨달으며, 우리는 과거로부터의 소리를 기억하고, 우리 미래의 소리를 상상도 하며, 때로는 양심으로부터 오는 질책의 소리도 듣는다. 정말 시끄럽다!

이 책을 통해 나는 하나님의 소리(음성)를 언급하였다. 이것이 하나의 질문을 하게 한다. 우리의 내면과 밖에서 의식을 공격하는 수많은 소리 중, 우리는 진정으로 하나님의 소리(음성)를 들을 수 있는가?

물론 그럴 수 있다.

먼저, 하나님의 음성을 경험하는 것은 믿음의 문제이다. 그분이 무엇인가 할 것을 믿는 것이 그 경험을 위한 일반적 조건이다. 더욱이, 우리가 좋은 것을 구하면 하늘 아버지께서 절대로 나쁜 것을 주시지 않는다고 성경은 약속하고 있다. 하나님으로부터 듣는 것은 좋은 것이다.

내 경험에 비추어보면, 대부분의 믿는 자들은 하나님께서 어떤 방법으로든 그들과 대화하신다는 것을 믿는다. 그러나 바로 그 다음 순간에, 어떻게, 왜 그리고 무엇을 그분이 대화하시는 지에 대해서는 엄격한 제한을 둔다. 어떤 그룹은 그분이 오직 성경 말씀을 통해서만 말씀하신다고 믿는다. 또 다른 사람들은 그분이 영감을 부여한 설교나 예언적 말씀을 사용하신다고 믿는다. 어떤 사람들은 문자 그대로 구름과 같은 형태인 하늘에서의 징조를 구하기도 한다. 그리고 몇몇 모험적인 사람들은 뜻밖의 사건들을 통해 전능하신 분의 징조를 구한다. 그것들은 지하철 일정표에 나오는 숫자들, 무작위의 번호판을 관찰하는 것, 또는 채널을 돌릴 때 갑자기 "튀어나오는" 곡조 등과 같은 것을 말한다. 각각의 방법이 좋은 것이지만, 우리는 하나님께서 수많은 방법으로 말씀하시는 것을 우리의 조건 때문에 받지 못하기도 한다.

나는 정통 오순절파 환경에서 자라났다. 그러한 배경에서 성장하면서 내가 받은 모든 좋은 것들 중에는, 사람들이 하나님의 음성을 듣는 데에 적용하는 감정적 덫 안에서의 "과도한 영적인"

형태도 있었다. 하나님의 음성과 인도하심, 성령의 기름부음과 방향 제시, 말씀 등과 같은 것이 비명이나 외침 또는 튀어 오르거나 의식을 잃는 것과 함께 오지 않으면 하나님으로부터 온 것일 수 없다는 것이었다.

수년 동안, 나는 조용히 자리에 앉아 이러한 것을 초연한 상태로 관찰하면서, 나에게 무엇이 잘못되었는지 의아해 했었다. 그리고 나서, 나에게는 하나님의 음성이 이성과 이성적인 선택의 맥락 안에서 나타나는 조용한 감동이라는 것을 깨닫게 되었다. 하나님께서는 나를 마음과 생각 그리고 감정의 존재로 만드셨고 (적어도 나도 감정이 있다고 생각한다…), 그분은 내가 필요로 하는 것을 아신다. 어떤 사람들은 초자연적인 경험으로 넘치기도 한다. 나의 경우, 하나님과 나는 함께 생각한다. 나는 하나님을 향해 "생각"하고, 하나님께서 나에게 "생각"을 주실 때 평강을 느낀다. "오라 우리가 서로 변론하자…"(이사야 1:18). 나를 창조하신 하나님이 나와 관계하시는 하나님이라는 것을 일단 받아들이고 나자, 하나님과의 초자연적인 대화의 경험이 살아나게 되었다. 우리 모두는 다 다르다. 하나님은 우리 모습 그대로 우리와 관계하시며, 인간의 경험이 다양한 만큼이나 다양한 방법으로 우리에게 말씀하신다.

성경을 통해 우리는 하나님께서 다양한 방법으로 사람들과 계속적으로 대화하는 것을 보게 된다. 산 꼭대기에서 또는 구름 속에서 큰 소리로 말씀하시거나, 천사를 통해 "주께서 말씀하시되 두려워하지 말라!"는 말씀을 보내기도 하신다. 그러나 그러한 장엄한 광경은 극히 드물다. 보통은 다윗이 하나님께 인도나 격려를 구하거나, 예수님이 그분의 소명에 대해 아버지와 대화하는 것과 같은 대화가 흔하다. 사실, 하나님은 꿈이나 환상 또는 믿음의 동역자나 천사를 통해서 원하시는 방법대로 말할 수 있는 분이시다. 그것은 당신의 기도 시간에 들리는 세미한 음성일 수도 있다. 또는 이전에는 볼 수 없었던 방법으로 성경 말씀을 깨닫게 되는 것일 수도 있다. 하나님께서 당신에게 어떠한 방법으로 말씀하시든, 그분으로 하여금 그렇게 하도록 허락하라. 그분은 당신의 아버지시며, 말씀하기를 원하는 분이시다. 그분이 그렇게 하도록 해드리라.

우리는 극적으로 하나님을 발견하기를 기대하며 동굴 속에 있는 엘리야를 모방하는 것과 같은 잘못을 저지른다. 불이나 지진 또는 강한 바람 속에서 하나님의 음성을 구하는 것이다. 하나님의 음성은 흔히 세미하고 작은 소리로 들려온다. 그렇지만 빅뱅을 일으킨 쾅 소리나, 적어도 모건 프리먼(현대판 노아의 방주 영화인 에반 올마이티에서 하나님 역을 맡은 배우 - 역자주)의 목소리와 같은 동일한 음성을 기대하는 것도 완전히 이해는 간다! 그러나 그러한 생각은 하나님 음성의 진정한 본질을 놓치는 것이다. 하나님은 우리가 하나님의 음성에 의해 놀라기 보다는, 하나님을 구하고 그분의 말씀을 배워서 그분의 음성에 가까이 나아오기를 원하신다.

근본적으로, 하나님은 아버지가 자녀들에게 말하듯 우리에게 말씀하길 원하신다. 사실, 그분은 우리에게 나아오기를 매우 갈망하신다. 그런 점에서 우리는 대화하기를 갈망하는 전능하신 하나님을 섬기고 있는 것이다. 이제 나는 대화를 가로막는 장벽이 어디에 있는지를 당신에게 알려주도록 하겠다. 그것은 우리와 그분 사이의 어딘가에 있는데… 우리에게 더 가까이 있다고 생각한다. 장벽은 하나님의 음성을 듣지 못하는 우리의 무능력에 있다. 그래서 성경은 우리에게 "들을 귀 있는 자는 들을지어다"(누가복음 8:8)라고 권고하고 있다.

예수님은 하나님 아버지와 정기적인 대화를 하셨다. 매 발걸음의 인도를 받기 위해서가 아니라, 선하신 아버지로부터 격려와 영감 그리고 인도를 받기 위해서였다. 이것이 바로 우리를 위해 그분이 원하는 좋은 소식이다. 우리가 그분을 필요로 할 때 말씀하는 선하신 아버지라는 것이다. 하나님은 그분의 음성의 능력을 통해 우리가 필요로 하는 것을 주신다.

창세기로부터 구약 전체를 통해, 우리는 하나님이 인간에게 말씀하고, 변론하며, 때로는 부르짖기 조차 하시는 것을 보게 된다. 그리고 예수님이 오셔서 "내 양은 내 음성을 들으며"(요한복음 10:27)라고 선포하셨다. 신약 전체는 하나님이 계속적으로 사람들에게 말씀하는 것으로 가득 차 있다. 아마 하나님은 말씀하는 것을 좋아하시는 것 같다!

그렇다면 우리가 듣는 것이 하나님의 음성인 것을 어떻게 아는가? 결국 당신은 머리 속이나 밖에서 들리는 모든 소리를 다 듣고 싶지는 않을 것이다. 특히 그러한 소리가 서로 상충될 때는 더욱 그렇다. 믿는 자들에게 있어 하나님과의 대화에서 결정적인 요소는 성경이다. 하나님으로부터 오는 모든 대화는 성경에 나와 있는 하나님의 성품과 원칙들과 일치해야 한다. 여기에 예외는 없다. 무슨 대화든 그것을 확인하는 분명한 기준이 없다면, 우리는 속임을 당하기 쉽다. 그래서 사도 요한은 "사랑하는 자들아 영을 다 믿지 말고 오직 영들이 하나님께 속하였나 분별하라 많은 거짓 선지자가 세상에 나왔음이라"(요한일서 4:1)고 말한다. 하나님은 오늘날에도 분명히 말씀하고 계신다. 그렇지만 그 말씀은 수 천년 동안 그분이 말씀하고 행하셨던 것과 항상 일치해야 한다.

그러나 속임에 대한 두려움이 당신을 방해하지 않도록 하라. 당신이 예수 그리스도를 믿는 자라면, 성경은 분명히 그분의 음성을 들을 수 있어야 한다고 말하고 있다. "내 양은 내 음성을 들으며 나는 그들을 알며 그들은 나를 따르느니라"(요한복음 10:27).
이 진리의 말씀을 받아들이고 추구하라. 시간을 들여 탐구하며,
실수할 것도 받아들이고, 하나님으로 하여금 분명하게 대화하실
수 있도록 허락하는 방법들 안에서 하나님의 영을 당신의 의식
안에서 인정하라. 그분은 당신을 사랑하신다. 그분이 들어오시
도록 하라.

홍미롭게도, 성경은 예수님이 그리스도시라는 것을 베드로
가 깨달은 것에 대해서는 자세하게 언급하면서, 어떻게 베드로
가 그러한 계시를 받았는가에 대해서는 전혀 언급이 없다. 그
가 천사의 소리를 들었는가? 하나님께서 그에게 숨결을 불어넣
으셨는가? 그의 머리 위에서 구름이 말씀의 형태로 되었는가?
"HESLORD(그가 주님이시다)"라는 번호판을 단 뉴욕시의 노란 택시
가 베드로가 보도에서 벗어났을 때 경적을 울려준 것인가? 누가
알겠는가? 예수님의 기쁨은 베드로가 결국 알았다는 사실에 있
었다. 베드로가 계시를 받게 된 방법이 중요했다면, 성경이 말해
주었을 것이다. 그러나 성경은 그렇게 하지 않았다. 그대신, 두
가지의 두드러진 점을 알려주고 있다. 그것은 베드로가 깨달았
다는 것과, 그 계시가 예수 그리스도의 주 되심을 나타냈다는 것
이다.

베드로 같이 되라. 당신에게 있어 최선의 방법으로 하나님과

대화하라. 묵상이나 조깅 또는 금식이나 축제나 예배의 시간, 아니면 성경을 읽거나 '전쟁과 평화'를 읽는 시간이든, 친구와 이야기하거나 등산을 하는 시간이든, 작곡을 하거나 석양을 그리는 시간이든, 보일러를 가동하거나 어린 아기를 공중에 던지며 즐기는 시간이든, 아니면 하나님의 사랑의 놀라움에 대해 묵상하는 시간 등과 같은 방법들이다. 그러나 모든 영을 시험해 보는 것만은 기억하라. "예수 그리스도께서 육체로 오신 것을 시인하는 영마다 하나님께 속한 것이요 예수를 시인하지 아니하는 영마다 하나님께 속한 것이 아니니"(요한일서 4:2-3)라고 하였다.

우리가 하나님의 음성을 들으면, 우리는 그분의 일을 할 수 있다. 우리 모두 함께 하나님의 왕국을 세워나가자.

강력한 성경 공부 소프트웨어가 있는 시대에 살게 된 게 큰 축
복이다. 나의 서고에는 여러 가지 책들이 있다. 성경 번역본
들, 성경 사전들, 논문집들, 어휘사전들, 행간 주석 사전들, 주
석서들, 용어 색인 사전들, 조직 신학, 역사서들, 그리고 다른
많은 컴퓨터 도구들과 현대 저자들의 책들이다. 많은 서적들
이 소프트웨어로 만들어지기 때문에, 이들 중 대부분의 서적
들에 먼지가 쌓이고 있다. 수년 동안 나는 WordSearch(www.
sordsearchbible.com)를 사용하였고, 지난 몇 년 동안은 Logos
Bible software(www.logos.com)를 사용하였다. 둘 다 훌륭한 도
구들이다.

소프트웨어에 있어 한 가지 장점은 수많은 자료들을 동시에
사용할 수 있다는 것이다. 그래서 나는 가상의 서고로부터 자
료들을 선택함으로 다양한 사전들이나 주석 또는 다른 자료들

을 쉽게 읽을 수 있었다. 또한 다양한 신학의 사고나 관점들로부터 여러 가지 주제들을 탐구할 수 있었다. 그렇지만 구체적인 자료들을 언급하기는 어렵다. 나는 "주석들이 일반적으로 …에 동의한다"라는 문구를 만들고 싶을 정도였다. 물론 그것은 독자들에게 도움이 되지 않겠지만 당신도 이해할 것이다. 당신이 좋은 소프트웨어 도구들에 투자하길 권한다.

또한 나는 많은 역사적 자료들을 참고했는데, 특히 개혁에 대해서 그러하다. 다시 말하지만, 이것은 백과사전, 역사 교과서, 웹 사이트 등과 같은 다양한 자료들로부터 추출한 일반적인 지식이기에, 구체적인 자료들을 인용하지 않았다.

■ Christian International(CI)에 대하여

CI의 비전은 세상을 변혁하기 위해 사도들과 선지자들을 세우고 성도들을 준비시켜 그리스도께서 재림하시도록 하는 것이다.

전 세계적인 발전의 물결이 경제를 세워나가면서, 교회도 함께 발전한다. 기술과 의료, 교육과 민권에서의 발전은 세상의 공동체에 영향을 끼칠 뿐만 아니라 기독교 공동체에도 영향을 끼친다. 세상의 문화에 영향을 끼치는 우리의 능력은 그러한 세상 문화의 발전에 의해 향상되고 있다.

세상을 변혁하는 부르심은 교회인 우리가 공동체와 도시들과 나라들에 영향을 끼치고 변혁하는 비전과 하나된 목적을 가지고 앞으로 나아가는 성도들을 준비하는 것이다. CI의 핵심적 장점은 예언적인 것에 있고 항상 그러할 것이다. 더 나아가, 우리는 넘치는 힘을 가지고 다음과 같은 일을 계속 해 나갈 것이다. 지도자 훈련, 예언적 사역 활성화, 세계의 교회들과 사역들

세우기, 지역 교회 목회자들 준비시키기이다. 그것은 우리가 사역의 각 영역에서 우리의 핵심적 장점에 초점을 맞추어서 새로운 영역들을 더 세워나갈 수 있다는 것을 의미한다. 이 메시지가 우리를 바꾸고, 나를 바꾼다.

그러므로 우리의 첫 번째 초점은 하나됨에 있다. CI는 하나의 주님과, 하나의 믿음, 그리고 하나의 비전을 가진다. 두 번째는 CI가 하나의 비전을 가졌지만, 그 표현은 다양하다는 것에 있다.

물론, 나는 나 자신의 삶에서 하나님의 음성에 반응해야 한다. 나의 직책은 CI(Christian International)로 알려져 있는 CIMN(Christian International Ministries Network: CI 사역 네트워크)의 대표이사이다. 우리는 하나님의 음성을 들었고, 그래서 그 음성에 반응하며 변화되기 시작하였다.

CI의 원래 비전은 "주님의 재림을 위해 사도들과 선지자들을 세우고 성도들을 준비하는 것이다." 이 비전을 가지고 CI는 전 세계적으로 사용되는 훈련 자료들을 개발하였다. 우리는 중보기도와 예배, 예술과 사업을 포함한 여러 영역에서 선지자적으로 일하며 기능하는 수천의 사람들을 훈련하고 활성화하였다. 우리는 학위를 받으려는 수천 명의 학생들을 교육하여 왔다. 또한 우리는 전 세계적인 사역을 세우는데 도움이 되었으며,

일터 사역의 영역에서도 중요한 위치를 차지하고 있다.

CI의 기본 말씀은 "사도들과 선지자들로 하여금… 성도들을 준비시키는 것이다"(에베소서 4:11). 한편, 하나님 왕국과 7산들에 대한 계시를 듣게 되면서, 우리의 비전이 온전하지 않았다는 것을 알았다. 그래서, CI의 비전은 "세상을 변혁하는 것"을 포함하는 것으로 확대되었다.

팀 해몬 박사(Dr. Tim Hamon)

CIMN(Christian International Ministries Network)

177 Apostles Way-OR-PO Box 9000

Santa Rosa Beach, FL 32459

850-231-2600

info@mailcimn.net

www.christianinternational.com

돌파가 필요한가? 팀 해몬 박사는 3개의 CD시리즈 강의에서 효과적인 돌파를 위해 어떻게 방어적 위치에서 공격적 위치로 움직이는 가를 보여주는 성경에서의 하나님의 주요 전략을 드러내 준다.

이 알맞은 메시지는 역사에서 지금이라는 때의 중요성을 나타내며, 하나님의 백성에게 "행군의 질서"를 알려준다. 하나님의 방법 따라 교회가 어떻게 재건되며 하나님이 어떻게 그분의 백성을 부르셔서 정부와 사업, 학교와 교회를 재건하는가를 이해하라(1개의 CD).

하늘에서 하나님이 포효하는 사자와 같이 소리를 내고 계신다. 이 소리에 대한 히브리어는 RUWA로, 축복과 돌파의 소리를 의미한다. 그것은 기쁨과 전쟁의 소리이다(1개의 CD).

이 반석 위에: 혼란의 와중에서 인도하는 하나님 왕국과 7개

의 산들이 팀 해몬 박사의 오디오 강의로 나와 있다. 2개의 CD 시리즈물인, '개혁의 길들'과 '증명된 방식과 방법'은 7 산들에서의 하나님 왕국 영향력자들이라는 주제에 관해 다양한 저술자들이 강의한 것을 묶어놓은 첫 책으로 CI 출판사에 의해 출판되었다. 이것은 사회에 영향을 끼치는 문화의 7산들(사업, 정부, 가정, 종교, 매체, 교육, 연예계) 중 하나 또는 그 이상에서 일하고 있는 대리인들을 바꾸는 것에 관한 책이다.

www.christianinternational.com의 "Store"나
전화 800-388-5308에서 구매 가능하다.

저자에
대하여

팀 해몬 박사는 CI사역 네트워크(Christian International
Ministries Network)의 대표이사로 그리고 CI 신학원의 총
장으로 섬기고 있다. 그는 교사이며 저자이고 국제적 집회
의 으뜸가는 강사이다.

그는 1988년에 사역자로 안수 받았고, 2003년에 Regent
대학의 조직 리더십 분야에서 철학 박사학위를 받았다. 그
전에 그는 남부 감리교 대학에서 학사를 그리고 아리조나
주립대학에서 석사학위를 취득하였다. 이후 팀 박사는 전
문 엔지니어로 컴퓨터 산업계에서 10년간 일하였다. 그러
므로 그의 가르침에는 사업과 교육과 사역 전반에 걸친 폭
넓은 부분이 들어 있다.

아름다운 아내인 캐런과 함께 그는 37년간의 결혼 관계를
유지하며 플로리다의 산타로사 비치에 살고 있다. 그들에
게는 4명의 자녀들이 있다.

팀 박사는 모든 믿는 자들이 자신들의 사역의 부르심을 성
취하기 위해 준비되는 것을 보고, 그리스도의 몸이 온전히
자라나는 것을 돕기 원하는 열정이 있다. 그는 가르침의
은사와 건조한(모르는 체하고 말하는) 유머 감각으로 많은
사랑과 존경을 받고 있다.